我在世界500强做
供应商质量管理

宋华◎著

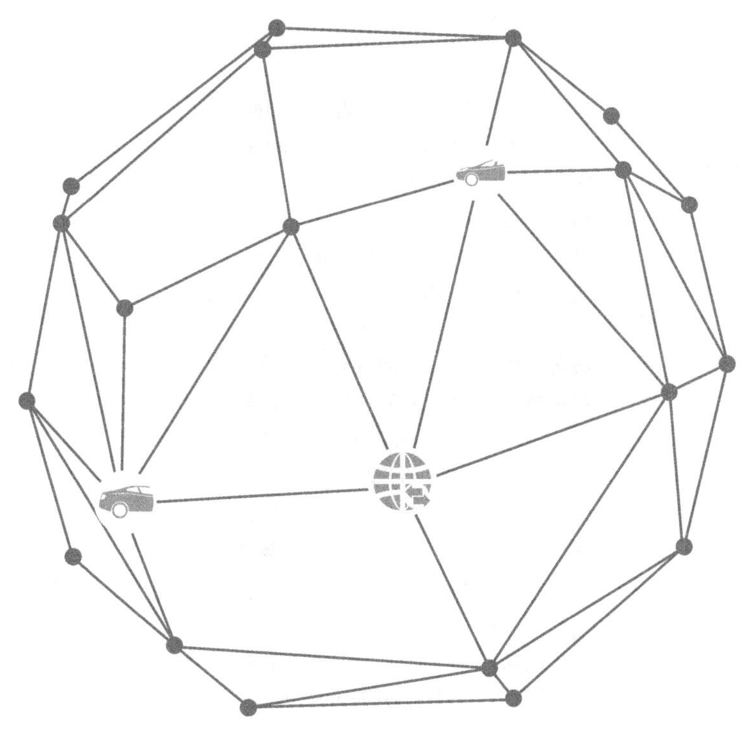

中华工商联合出版社

图书在版编目（CIP）数据

我在世界500强做供应商质量管理 / 宋华著. -- 北京：中华工商联合出版社，2020.2
ISBN 978-7-5158-2678-3

Ⅰ. ①我… Ⅱ. ①宋… Ⅲ. ①企业管理－供销管理－质量管理 Ⅳ. ①F274

中国版本图书馆CIP数据核字（2020）第061879号

我在世界500强做供应商质量管理

作　　者： 宋　华
出 品 人： 李　梁
责任编辑： 于建廷　臧赞杰
装帧设计： 仙　境
责任审读： 傅德华
责任印制： 迈致红
出版发行： 中华工商联合出版社有限责任公司
印　　刷： 河北宝昌佳彩印刷有限公司
版　　次： 2020年8月第1版
印　　次： 2020年8月第1次印刷
开　　本： 710mm×1000mm　1/16
字　　数： 200千字
印　　张： 13.25
书　　号： ISBN 978-7-5158-2678-3
定　　价： 76.00元

服务热线： 010－5830113－0（前台）
销售热线： 010－58301132（发行部）
010－58302977（网络部）
010－58302837（馆配部）
010－58302813（团购部）
地址邮编： 北京市西城区西环广场A座
19－20层，100044
http：//www.chgslcbs.cn
投稿热线：010－58302907（总编室）
投稿邮箱：1621239583@qq.com

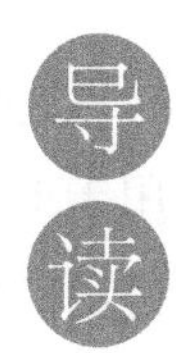

在汽车行业，整车的50%的零件是由供应商开发和制造的，包括各自的生产工艺。这就显示了供应商在整车生产中巨大的影响力，同时也要求对供应商的产品质量进行跟踪和监控，SQE 的岗位就应运而生了。这个角色主要是从零部件开发的前期就代表主机厂，对供应商每个步骤的开发质量进行监控，以保证最终主机厂可以得到符合其要求的零部件，同时随时对产品的质量问题进行跟踪，并和供应商一起来解决问题。

20 年前误打误撞进入汽车行业，我作为汽车行业的一员，经历了这个行业的潮起潮落。我先后在国企、日企、美企、欧企的汽车主机厂和零部件厂工作过，由于国情和企业文化不一样，每个企业的质量体系也不尽相同。但是欧企的供应商质量管理体系和企业文化由于简单、直接和高效，**关注现场、重视学习、标准化和提前预防**，还是给我留下了深刻的印象。

中国现在虽然年产 2900 万辆车，但是很多关键技术被外国公司掌握，核心技术和质量标准的话语权始终不在我们的手中。也许现在就是很好的机会，我们在追求弯道超车的同时，也要做好自己的事，练好自己的内功。正是在这种时机下，我决定把多年从事供应商质量管理工作的经验总结出来。

本书首先讲述了供应商质量管理的流程：首先，项目立项阶段，主要包括项目风险评估，供应商选择和质量计划的制定。其次，产品和过程开发阶段，主要包括产品和过程特性的确认、产品和过程开发、启动能力的评估、过程审核的批准、初始样件检测报告。再次，SOP 批产，批产以后包括爬坡曲线的验证，生产阶段包括生产和过程的监控和再验证。在批量生产阶段，主要是对质量问题的解决流程。

另外，我还介绍了一般汽车行业质量管理的工具，如PPAP、APQP、VDA、8D、PDCA、FMEA、SPC、MSA、IATF 16949，这些工具不仅可以用于工作，还可以用于我们的生活，可以帮助大家降低风险，不断持续改进我们的生活，让我们的生活更加美好。

讲技术的书一般比较枯燥，而我加入了一些亲身体验，希望带你进入这个领域，如果能让你对供应商质量管理工作有基本的了解，能对你的工作有所帮助，我就很开心了。当然，这项工作还是理论为辅，**实践才是重要的，现场的经验是最重要的，同时不断地学习和改进，才是做好这项工作的关键。**

制造业始终是一个国家强大的根本，供应商管理是其中一个重要环节，希望我们能够努力，为建立一个更高效的制造质量管理体系尽一份力量。

我要感谢以前一起工作的导师、朋友、同事和家人，我们一起度过了很多开心的时光，有眼泪，也有欢笑。

感谢本书的编辑，工作认真、仔细。

管理只能根据不同公司的实际情况因地制宜，由于本人水平有限，难免有不当的地方，欢迎指正。

宋华

2020/03/11

目录

导读 001

一、 准备做一名主机厂供应商质量工程师 001

（一） 我的面试准备 001

（二） 什么是 SQE 004

（三） SQE 产生的背景 006

（四） SQE 岗位现状 007

（五） SQE 所需要的软技能 008

（六） SQE 需要用到的硬技能 009

（七） SQE 职业路径图 012

二、 SQE 面试过程和走进外企 014

（一） 面试过程 014

（二） 专业面试需要注意的几个问题 018

（三） SQE 的常见面试问题及答案 019

（四） 一点感想 026

三、 供应商零件质量管理体系的建立 027

（一） 汽车零部件产品开发的流程 027

（二） SQE 工作涉及的全流程 032

四、 项目风险评估 034

（一） 风险评估的责任人和过程 034

（二） 输入：供应商风险评估的一些要点 035

（三） 输出：供应商风险管理报告 038

（四）我所经历的项目风险评估的过程　039

五、供应商选择　043

（一）供应商选择的过程　043

（二）选择供应商时应注意的问题　047

（三）中外供应商关系比较　047

六、启动会议　050

（一）谁进行？参与的人员　050

（二）输入：主机厂提供给供应商的信息　051

（三）输入：供应商应该提交的文件　053

（四）输出：会议的成果　056

七、质量计划要求　059

（一）项目管理　059

（二）可行性分析　059

（三）失效模式及后果分析（FMEA）　060

（四）过程能力　062

（五）追溯性　062

（六）可靠性　063

（七）初始样件检测报告（生产过程和产品批准）　064

（八）产品和过程审核　064

（九）质量目标　064

（十）返工　064

（十一）问题的管理　065

（十二）生产　065

（十三）供应商管理　065

八、每月的总结会议　066

（一）总结会议　066

（二）如何做？使用 PDCA 的方法　068

（三）SQE 怎样执行 PDCA　071

九、　由一次工装检查之旅所想到的　072

（一）工装之旅　072

（二）一般的量具要求　077

十、　启动能力评估（试生产）　079

（一）启动能力评估的标准　079

（二）启动能力（试生产）评估需要关注的问题　080

（三）小批量试生产的输出　086

（四）关于一张图纸的争论　086

十一、　供应商要搬家了　088

（一）对要搬家的供应商提出的要求　088

（二）某供应商的搬迁计划　088

（三）一个好的供应商搬迁计划必须注意的几点　093

十二、　过程审核（SOP 之前 ×个月）　095

（一）过程审核的目的　095

（二）过程审核的时机　096

（三）过程的基本要素　096

（四）VDA6. 3 过程审核检查表　096

（五）审核前，供应商的准备工作　097

（六）过程审核的一般过程　099

（七）过程审核的经验之谈　109

（八）还要有一些专业知识　115

十三、　试装车的日子　117

（一）我经历的一次试装车　117

（二）试装车遇到的问题案例　120

（三）解决问题，对事不对人　122

十四、 产品审核 PPAP （ISIR） 124
（一）初始样件检测报告（ISIR） 124
（二）PPAP 的准备工作 125
（三）PPAP 的基本要求 127
（四）PPAP 过程中常见的问题 131
十五、 SOP 批产日子 133
（一）SOP 之后三个月：爬坡曲线的验证 134
（二）移交（Handover） 136
（三）生产阶段 139
十六、 经验总结 （Retex） 141
（一）经验总结的一般步骤 141
（二）在项目中实现经验总结的步骤 146
（三）实际操作中的问题 148
（四）缺陷和成本的关系 149
十七、 计算机辅助供应商质量管理 （软件） 150
（一）跟踪和记录项目状态 150
（二）监控项目 150
十八、 质量问题解决的流程 152
（一）质量问题解决的流程 152
（二）SQE 最担心的是什么 152
（三）怎样定期对供应商进行监控 154
十九、 汽车行业做质量管理的一些体会 156
（一）现场的力量 156
（二）标准化 156
（三）怎样处理与供应商的合作 157
（四）第三方咨询公司的现状 160
（五）一点感悟 171

二十、 我在外企的一些经历 173

（一）外企的周会 173

（二）外企的周五学习会 174

（三）面对面会议（Face to face meeting） 175

（四）我所遇到的法国老板 Ben 175

（五）SQE 的出差文化 176

（六）我所遇到的欧洲同事 178

（七）中德职业教育方式的不同 180

（八）外企怎样培养新进的员工 181

附： 中德法英汽车工业用词的不同 183

一、准备做一名主机厂供应商质量工程师

汽车的主机厂一般分为这样几种类型：民企，如长城、吉利和比亚迪；国企，如上汽荣威、长安汽车和奇瑞；中外合资，如华晨宝马、上汽大众、一汽大众；外资，如特斯拉。

由于我国的汽车工业起步比较晚，所以不少国内汽车公司和国外的汽车公司还有很大的差距；很多优秀的外资汽车公司由于历史悠久，所以在技术和管理水平上都是一流的。如果能进入优秀外资或者中外合资的汽车公司工作，不但可以学到不少东西，而且对于以后的职业道路也是有帮助的，所以这样的职位一直是我们汽车人梦寐以求的。

（一）我的面试准备

收到猎头发给我的一份供应商质量管理岗位（SQE）的工作说明书（JD），由于是外企，当时发的是英文原文，我翻译了一下。

零件质量和供应商开发

职务说明“部件质量管理”

关键目标

在开发阶段，负责确保亚洲和全球采购项目供应部件的产品与工艺质量【批产（SOP）前30个月到批产后3个月】。

主要任务

（1）在供应商选择的过程中，根据产品和过程相关的质量标准对供应商进行评估，包括风险评估和成本评估

⇒其实就是在供应商选择的过程中，对供应商进行初步评价，是否存在风险，如设备、资金和人员方面，是否需要增加新的设备、人员，是否需要质量标准的资格认证。

（2）根据主机厂内部的质量程序，领导与监督本地和全球采购项目

（包括工具和安装设备）

⇒相当于项目经理的角色，对项目的各个方面进行计划、跟踪和监督、协调，确保在规定的时间内完成项目。

（3）在供应商现场，进行产品和过程的审核和批准（包括生产件批准程序 PPAP）

⇒其实就是对供应商进行产品和过程的审核，然后对产品和过程进行批准。

（4）对过程审核和供应商审核的改进计划进行跟踪

⇒一般在过程和产品审核过程中会发现很多不符合项，有的问题可以立刻得到修正，但是有些问题，例如需要增加新的设备、更改设备，这些问题也许不能立刻修正过来，所以一般会设定期限、负责人和改进目标，在下一次回访中再进行现场检查。

资格

（1）本科学历，电子、机械、汽车工程专业，具备经济学基础知识

（2）在汽车行业有 5 年以上的供应商质量管理工作经验

（3）熟练掌握 CAD 的知识；熟悉质量方法和质量工具（SPC，Poka Yoke，FMEA，8D Report……）

⇒一般质量方面的知识（SPC，Poka Yoke，FMEA，8D Report……）。

（4）具备团队合作能力及良好的沟通能力，能够显示自己的权威，感觉敏锐

⇒这是对工作能力的软技能的要求，沟通能力强，可以让供应商信服，不然自己的任何建议供应商都不能采纳，工作就很难推进下去。

（5）具有较强的质量意识和目标定位

⇒在坚持质量理念的情况下，完成项目的决心。

（6）具体了解与生产过程和/或组件相关的专门知识

（7）对生产过程和零件特殊的工艺有所了解（焊接、注塑、电子件、地毯和座椅、方向盘）

⇒这是要求对一些零件的生产工艺有所了解，包括焊接、表面处理、塑料件等的技术要求，不然在工作审核的时候不容易发现问题。

其实，有的时候工作说明书（JD）就是这个职位的完美蓝图，没有人100%符合。招聘官也找不到100%符合的人，如果这个人100%地符合，那么这项工作对他来说就没有挑战。所以，人才是关键，根据猎头以往的经验，应聘者是否有意愿提高自己的能力以完成这项工作才是关键的。

在猎头的帮助下，我做了以下几项准备工作：

1. 访问公司的网页

对这个公司的基本情况有初步的了解，公司的名称、地理位置、主要业务、有哪些部门、所要应聘的部门，知道这个部门位于北京，是公司新成立的亚洲采购中心，主要负责主机厂的新车型在开发阶段的零件采购工作，分为物流、质量和采购部门。足见公司对质量的重视，而质量部门又分为底盘和内外饰两部分，而这次招聘的是内外饰部门。

2. 阅读公司网站上的与该职位相关的一些文件

例如：供应商管理手册，一般会列出该主机厂对供应商的基本要求，以及所要求的供应商产品开发的时间结点和总的项目计划。供应商需要根据这个时间节点来制定自己的项目计划，一般是会设置自己项目的时间结点提前主机厂所要求的对应的时间结点几个月，以保证项目的顺利和按时完成。

例如：开始生产（Start of Production，简称SOP）、批产之前（这里时间的正负是以SOP为基础进行的核算。－××月，就是指SOP之前××个月的时间；其他同理）。

一般零部件开发的时间结点如下：

①－××月	供应商选择
②－××月	产品和过程特性
③－××月	产品和过程开发
④－××月	临界机器能力指数（CMK）
⑤－×月	过程审核（初始过程能力PPK）
⑥0月	初始样件检验（SOP）
⑦+3月	爬坡（过程能力CPK）

3. 准备解决问题的方法和例子

其实，作为供应商质量管理工程师（SQE）无非就是解决问题，如遇到问题怎样解决，以及解决问题的方法和效果。

我们一般都是用 8D Report 的方法来解决问题。我根据以往的工作经验准备几个例子来展示解决问题的能力，一共准备了 3 个例子：

①弹簧在试样的时候没有通过疲劳试验。

②刹车块在装车的时候发现粘接不牢，有质量问题。

③在过程审核的时候，机器的扫描枪不能识别线路板（PCB）而导致停线。

备注：关于 8D Report 的方法

- D0 初步了解
- D1 建立小组
- D2 问题描述
- D3 临时对策
- D4 原因分析
- D5 长期对策
- D6 跟踪检验
- D7 预防措施
- D8 总结表扬

（二）什么是 SQE

供应商质量管理工程师，Supplier Quality Engineer，简称 SQE。

1. SQE 在企业中所起的作用

①应急：遇到临时的质量问题，快速响应，排查潜在原因，采取短期遏制措施。

②技术：外协厂商的作业指导书、工程图的制定。

③审核：对供应商进行定期及特殊审核。

④培训：对供应商进行辅导，提升质量。

⑤协调：协调供应商和公司各部门来推进项目。

⑥检验：参与产品的尺寸和性能的检验和确认。

⑦项目管理：和供应商一起成立项目小组。

⑧供应商开发：参与供应商评估和选择的过程。

2. SQE 的工作职责

SQE 工作职责说明如图 1－1 所示。

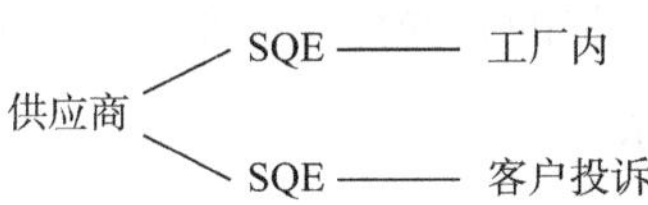

图 1－1　SQE 工作职责说明

（1）进行供应商管理

例如：

①供应商的评监，择优选择厂商。

②供应商的定期及特殊审核的执行。

③供应商的辅导，提升质量。

④建立完善、规范的材料进料检验程序。

（2）推动供应商内部质量改善

例如：

①推动供应商成立完善的质量保证小组。

②供应商过程变更及材质变更的确认管控动作。

③新材料及变更材料的管控。

④不合格项目的改善确认动作

⑤材料异常的处理及成效的确认。

⑥往来供应商的品质管控。

⑦供应商风险评估。

（3）数据收集

例如：

①每月/年的供应商等级评比。

②供应商项目跟进会议的召开。

③8D Report 的发出与时效管控及改善效果的跟进。

④供应商质量月报、报表、信赖性报表的跟催及确认。

在新的环境下，供应商管理的角色越来越多地由专职人员来承担，一个标志性的事件就是供应商质量管理工程师（SQE）的诞生。SQE 的应运而生已经有数年了，目前企业对这一职位的需求在不断增加。但是，对于这一职位往往是只有要求而没有规范，工作开展靠 SQE 的自主经验，以及和采购人员、产品品质人员的共同协调，很多上岗的 SQE 是由其它的工作转岗过来，没有接受过系统培训。

（三）SQE 产生的背景

SQE 起源于汽车行业，这也是由汽车行业特殊的生产结构决定的。我们都知道，一辆汽车有一万多个零件，包括钣金件、塑料件、玻璃、白车身、座椅、发动机、车门、电子件、线束、开关、插座、电池、传感器、大灯等，所以这根本不是一个公司可以生产完成的。目前国内只有比亚迪自己生产多种零部件，但是他们也正在寻求与优秀零部件供应商的合作。

一般主机厂只是完成汽车的冲压、焊接、喷涂和总装四大工艺，以及整车的设计和销售。

一级供应商一般承担包括座椅、内饰、制动器、车桥和车身外部钣金件等的基本设计和制造责任，以及子系统开发的全部责任。

二级供应商主要是为一级供应商提供一些钣金件、灯泡、线束等的辅助零件。

不管是一级供应商还是二级供应商都必须经过 IATF 16949 的认证，生产的各个过程都必须符合 IATF 16949 的要求。

一般主机厂都是要求保持最少的库存，所以零部件供应商都是 24 小时待命送货。

汽车上 50% 的零件是由供应商设计和制造的，这就对监控供应商的产品质量提出了新的要求，SQE 的岗位就应运而生了。这个角色主要是从零部件开发的前期就代表主机厂，对供应商每个步骤的开发质量进行监控，以保证最终主机厂可以得到符合其要求的零部件，以及随时对产品的质量问题进行跟踪，并和供应商一起来解决问题。

在产品开发阶段，SQE 主要是作为项目管理者，随时监控供应商开发的进度。

在产品和工艺审核阶段，SQE 主要是作为审核员，对供应商的产品和过程进行全面的审核，发现问题、解决问题、跟踪问题，直至问题完全解决。

在产品批量生产以后，SQE 主要是作为质量问题的专家，对供应商进行年审和解决发现的质量问题，以保证正常供货。

（四）SQE 岗位现状

一般在主机厂由于分工比较精细，所以 SQE 的分工也比较明确。

首先，主机厂采购部一般设有 SQE。主要负责 SOP 之前的供应商质量问题，一般包括供应商选择、供应商风险评估、项目进度跟进和供应商审核、产品和过程批准。

其次，总装车间设有 SQE。主要负责对质量问题的处理，协助供应商用质量工具来解决问题；督促供应商整体的提升，能够主动进行系统的全面提升，提升的内容包括但不限于体系、设计、物流、质量、制造、成本等。

一级供应商的 SQE 主要是对二级供应商的产品质量进行全程监控，进行供应商评审，推进供应商的 APQP 计划，质量问题的处理和督促供应商整体的提升。

一般 SQE 都是从质量工程师和产品工程师转岗而来。

现在汽车市场正处于转型期，因此供应商的压力比较大，往往同时服务于多家主机厂，而公司的产能和人员又是有限的，因此在进度方面往往不能够满足主机厂的要求。因此，SQE 从中协调的压力也逐渐增大，有时需要到供应商处蹲点，成为驻厂工程师，这种情况是常有的。而 SQE 一般的工作地点在供应商处，出差是家常便饭，因此往往不能兼顾家庭。

（五）SQE 所需要的软技能

软技能是影响人际交往的属性和个性特征。这些特征包括领导能力、移情能力、沟通能力、礼仪及其他难以量化的技能。软技能不能死记硬背，还涉及情商和同情心。具体内容如下：

1. 诚信

由于 SQE 在供应商选择、供应商审核和供应商绩效评价的环节中有一定的评价权力，因此就对 SQE 的职业道德提出了要求。不得随意收取供应商的好处，更不得在收取好处后对供应商的问题放水，从而损害公司的利益，这是对 SQE 职业道德的考验。

2. 沟通能力

SQE 不仅要和供应商的人员沟通，也要和制造组织内部各个部门的人员沟通，包括质量管理、制造协调、项目管理等部门人员，所以具有良好的沟通能力非常必要。首先，SQE 一般不能经常见到上司，所以与上司保持微信和电子邮件联系就非常重要。在什么地方、遇到了什么情况，都必须第一时间让上司知道，以保持沟通渠道的通畅。否则，出差很长时间，又没有联系，让上司误解你没有在岗位上也是完全有可能的。其次，SQE 也要和供应商经常沟通，要非常清楚地知道项目的现有状态，这样才能“知己知彼，百战不殆”。

3. 处理危机和承受压力的能力

SQE 一般就是“消防队员”，因此在遇到问题的时候一定要沉着冷静。首先，要争取到问题发生的现场获得第一手资料；其次，要联系供应商和项目小组的成员，一起分析问题。争取找到问题的根本原因和解决问题的临时措施与永久措施，组织相关的人员来实施这些措施，而不能临场乱了阵脚，以致造成不好的后果。SQE 的职责，就是为了全程监控供应商的质量，是一个解决问题的角色，所以处理危机和承受压力是必然的。当然，为了减少突发事件，我们平时应该把工作做到前面，多去供应商处拜访，早早发现有可能发生的风险，找到应对措施来预防问题的发生，防患于未然。

4. 强健的体魄

因为供应商一般都不在本地，因此要经常出差去考察供应商处的情况。如果遇到时间紧、任务重的情况，到供应商那儿长驻也是有可能的。很多供应商地处偏僻的郊区，吃饭和交通都不方便，而且住酒店、吃饭店也是常有的事情。虽然不少供应商都是沿海地区，但是有的地方天寒地冻，有的地方天气炎热，这样人就会水土不服。所以，没有一个好的身体，很多时候真的坚持不下来。

（六）SQE 需要用到的硬技能

硬技能是胜任该项工作所需要的特殊知识和技能。硬技能是可以被学习、评估和测试的。

1. 8D

8D 的原名叫作 8Disciplines，又称团队导向问题解决方法。它是由福特公司首创，全球化品质管制及改善的特殊必备方法，之后成为 QS9000/ISO TS16949、福特公司的特殊要求。目前，很多企业喜欢用这个方便而有效的方法解决品质问题，它成为一个固定而有共识的标准化问题解决方法。

2. 制程失效模式及影响分析

制程失效模式及影响分析（PFMEA），主要是由负责制造的工程师/小组采用的一种分析技术，用来保证在可能的范围内已充分考虑到并指明潜在失效模式与其相关的起因/机理。一个 PFMEA 以其最严密的形式总结了小组进行过程设计时的设计思想（包括根据经验和过去的错误对一些可能失效项目的分析）。这种系统化的方法形成了一个工程师在任何制造策划过程中都可以使用的思维模式。

3. PDCA 循环

P——计划（Plan）、D——实施（Do）、C——检查（Check）、A——处置（Action）。PDCA Cycle 又称戴明环，它是在国内得到广泛应用的一种管理工作方法，由美国著名质量管理专家戴明博士提出。

4. PPAP

生产件批准程序（Production Part Approval Process，简称 PPAP），为一

种实用技术，其目的是在第一批产品发运前，通过产品核准承认的手续，验证由生产工装和过程制造出来的产品符合技术要求。PPAP 是对生产件的控制程序，也是对质量的一种管理方法。

5. APQP

产品质量先期策划（APQP）是一种结构化的方法，用来确定和制定某产品确保顾客满意所需的步骤。产品质量先期策划的目标是促进与所涉及的每一个人的联系，以确保所要求的步骤按时完成。汽车行业客户对于品质的控制是着重预防而非检查。APQP 是所有零部件供应商在量产前必须完成的任务之一。

6. SPC 统计过程控制

为达成预防之目的，质量体系标准中明确要求组织必须掌握及理解 SPC 的基本概念，如变差、稳定、过程能力、过度调整等，并能在组织有效应用 SPC，为组织的制造及管理过程的运行和改善提供有力支持。

7. VDA6. 3 过程审核

VDA6. 3 过程审核标准于 1998 年发布第一版，首版起源于德国大众汽车供应商质量能力评价标准，之后 12 年中，不断整合德国汽车制造业经验（包括整车与零部件企业），融汇德国 100 多年汽车制造文化和管理文化。第二版 VDA6. 3 过程审核标准于 2010 年发布，在全球得到了很好的应用并获得了良好的声誉。

基于过去所积累的经验，VDA - QMC 于 2016 年 12 月发布经优化的 2016 年版，新版标准强化了过程审核标准 VDA6. 3 与其他 VDA 标准的共同使用效果，尤其是“新零件成熟度保障（MLA）”和“稳健生产过程（RPP）”。本标准是对过程审核的具体内容的要求，区分了与体系审核之间的差异。新标准对提问的内容和结构进行了修改，增加了嵌入式软件与硬件接口，对服务过程审核进行了修订，更改了评估细则，对过程审核员的资质和能力要求更为具体。

8. IATF 16949

2016 年 10 月，国际汽车工作组（IATF）发布 IATF 16949：2016，取代现行的 ISO/TS 16949 标准，明确汽车行业内各组织的质量管理体系要求。新标准参考了最新的ISO质量管理体系标准ISO 9001：2015，并与其保持一致。IATF 16949：2016将完全遵照ISO 9001：2015标准的结构和要求。IATF 16949：2016并不是单独的质量管理标准，而是作为对ISO 9001：2015的补充进行实施并加以融合。

9. 项目管理

项目管理是运用各种相关技能、方法与工具，为满足或超越项目有关各方对项目的要求与期望，所开展的各种计划、组织、领导、控制等方面的活动。现如今，项目管理已经应用在许多行业，项目管理的能力也成为一种广受欢迎的技能。

10. GD/T 几何尺寸/公差

了解和掌握几何尺寸与公差，能够帮助企业设计人员更好地传达设计意图与要求，更精确地定义零件，以及更准确地进行公差分析，提高设计的稳定性与可靠性；能够帮助企业的生产制造、质量与检测人员识别产品的关键点，更好地理解设计者的意图，实现设计、生产、装配与检验基准的统一；能够提高其他需要经常阅读工程图纸的管理与技术人员的图纸阅读能力，使得他们在识别客户要求、风险评估及与客户交流等方面受益。

11. 质量管理14大工具

质量管理工具是质量管理的思考性方法，是20世纪70年代在日本形成和发展起来的，是从系统工程学、运筹学、价值工程学等管理科学中选取、提炼出来而用于质量管理的，有“老七种”和“新七种”之分。“老七种”有分层法、调查表、排列法、因果图、直方图、控制图和相关图；“新七种”分别是系统图、关联图、亲和图、矩阵图、箭条图、PDPC法及矩阵数据分析法等。

12. PokaYoke 防错

Poka Yoke日文名称是ポカヨケ，意为“防误防错”，亦即Error & Mistake Proofing，又称愚巧法、防呆法，意即在失误发生前加以防止的方法。它是一种在作业过程中采用自动作用（动作、不动作）、报警、提醒（标识、分类）等手段，使作业人员不特别注意或不需注意也不会失误的方法。

13. 5S 目视化管理

“5S”是整理（Seiri）、整顿（Seiton）、清扫（Seiso）、清洁（Seiketsu）和素养（Shitsuke）5 个项目，因其日语的罗马拼音均以“S”开头而简称5S 管理。5S 起源于日本，是指在生产现场对人员、机器、材料、方法等生产要素进行有效管理，这是日本企业的一种独特的管理方法。

14. MINITAB

MINITAB 软件是为质量改善、教育和研究应用领域提供统计软件与服务的先导，是全球领先的质量管理和六西格玛实施软件工具，更是持续质量改进的良好工具软件。

15. 整车厂客户特殊要求介绍

由于各个主机厂的开发流程不一样，因此对供应商的要求也不一样。一般都会在项目开发的早期通过文件的形式告知供应商，所以供应商应该仔细研究，熟悉不同公司的不同要求，以便更好地完成项目。

16. AutoCAD

适用于制造业的 2D/3D 绘图软件。AutoCAD 软件是由美国欧特克有限公司（Autodesk）出品的一款自动计算机辅助设计软件，可以用于绘制二维制图和基本三维设计。通过它无须懂得编程，即可自动制图，因此在全球广泛使用，可以用于土木建筑、装饰装潢、工业制图、工程制图、电子工业、服装加工等多个领域。

17. CATIA

交互式 CAD/CAE/CAM 系统（CATIA），是由法国达索公司开发的广泛应用于汽车/航空行业的 2D/3D 绘图软件。它可以通过建模帮助制造厂商设计他们未来的产品，并支持从项目前阶段、具体的设计、分析、模拟、组装到维护在内的全部工业设计流程。

18. UG

交互式 CAD/CAM 系统（UG）是由美国 EDS 公司开发的主要应用于美系汽车业的 2D/3D 绘图软件。

（七）SQE 职业路径图

SQE 职业路径如图 1－2 所示。

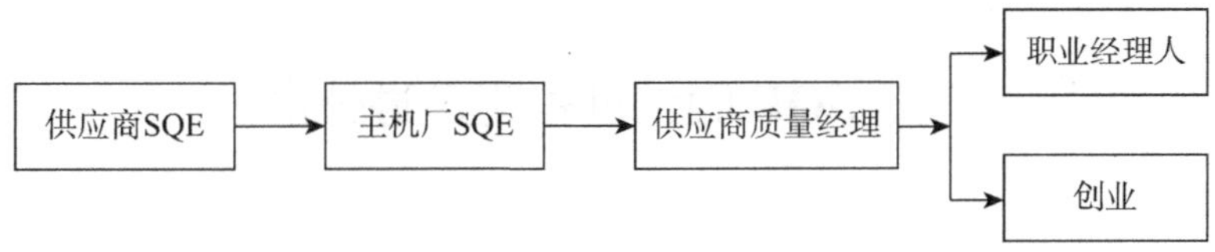

图 1-2　SQE 职业路径

一般供应商的 SQE，比较专注某个零部件，对特殊零部件的制造工艺与组成零件的制造工艺和供应商都比较熟悉，而往往主机厂也需要这样的人来帮他们管理供应商，所以供应商的 SQE 有条件成为主机厂的 SQE。虽然程序上可能有很多不同，但是对技术的要求是基本一致的。

主机厂的 SQE 接触的供应商比较多，知识面比较广，承担的角色也比较多，对某类产品的技术和生产了解得比较深，因此主机厂的 SQE 的下一步，可能就是去供应商那儿成为质量经理，以锻炼自己的领导能力。

再过几年，可能成为职业经理人，在一个公司的层面施展自己的才华。

也可以自己创业，用自己的职场经验，开拓自己的一片天空。

总的说来，只要脚踏实地，一步一步地耕耘，总会收获自己的劳动果实，只要坚持，结果就会水到渠成。

二、SQE 面试过程和走进外企

（一）面试过程

有了以上准备，我终于信心满满地来到了位于 CBD 的公司采购总部的办公室。和一般公司的办公室没有太大的区别，是一个大的通间，位于高层，可以远眺北京城，风景不错，交通也很方便。（外企一般都愿意寻找一个中等价位以上的办公楼，环境不错，办公室布置得也比较人性化，使得职员的工作效率比较高，工作起来也比较开心。）

接待我的是采购中心质量部的经理和一个小组的组长。经理要年轻一些，语速很快，感觉很有干劲；小组长年龄要大些，人很聪明，感觉脑筋转得很快。

接下来就是正式的英文面试。我列举以下几个问题：

1. “Introduce yourself?”

“介绍一下你自己。”

主要是对简历内容的复述，如以前在哪里工作，主要的工作职责是什么，这都是自己事先准备好的，按照简历讲一遍，尽量讲得简明扼要，用一些比较容易的单词。我就讲了自己以前的工作经历。

当然，最好这些经历和现在的工作有关系。以下是一个 SQE 简历的例子。

Product Engineer

Responsibility

• Responsible for product design level control throughout the operation included control cards.

• Coordinated new program introductions, facilitates status meeting and kept records/charts of progress to date.

• Coordinated procurement etc. for customer owned tooling. Kept records of such in line with customer requirement.

- Assisted in finding new sources of supply for product component and subcontractor.
- Contacted with parent company on product related issues.
- Contacted with customers advance model group on future product design and VA ideas for current products.
- Worked closely with quality control department on quality issues.
- Worked closely with sales on product cost estimates for quotation purposes.
- Worked closely with materials scheduler on the introduction of new components.
- Ensured company product specifications in compliance with customers.
- Ensured sampling of new component from vendors.
- Ensured customer trials and sample submissions.
- Ensured that vendors have latest drawings and specifications.
- Ensured all specifications are maintained and applied in a timely manner.
- Ensured all packaging specification is up to date and accurate.
- Ensured drawing history and maintain properly.

产品工程师

职责

- 负责整个操作过程中的产品设计水平控制，包括控制卡。
- 协调新项目介绍，促进状态会议，并保存最新进展记录/图表。
- 协调采购客户自有工具等，按顾客要求保存记录。
- 协助寻找产品组件和分包商的新供应源。
- 就产品相关问题与母公司联系。
- 就未来产品设计和当前产品的 VA 想法与客户高级模型组联系。
- 在质量问题上，与质量控制部门密切合作。
- 与销售部门密切合作，进行产品成本估算，以便报价。
- 在引进新部件的过程中，与材料调度员密切合作。

- 确保公司产品规格符合客户要求。
- 确保从供应商处取样新部件。
- 确保客户试验和样品提交。
- 确保供应商拥有最新的图纸和规范。
- 确保及时维护和应用所有规范。
- 确保所有包装规范最新且准确。
- 确保图纸记录并妥善维护。

Supplier Quality Engineer

Responsibility

- Continuously reported progress of all activities and the business situation to sourcing teams.
- Supported purchasing engineers with supplier selection (approval audits, evaluation).
- Suggested and followed up quality improvement programs at suppliers who do not consistently comply to automotive standards (supplier development).
- Agreed and monitored supplier quality targets.
- Evaluated supplier quality performance incl Reporting.
- Followed up of advanced product quality planning (APQP) activities of purchased parts.
- Approved part submission warrants (PSW).
- Carried out project related process audits and run@ rates at the suppliers plant.
- Used quality tools (SPC, MSA, APQP, PPAP, 5 - why, FMEA, Control Plan, and Minitab etc.) to solve problems.

供应商质量工程师

职责

- 持续向采购团队报告所有活动的进度和业务状况。

• 支持采购工程师选择供应商（批准、审核、评估）。

• 建议并跟进不符合汽车标准的供应商的质量改进计划（供应商开发）。

• 商定并监督供应商质量目标。

• 评估供应商质量绩效，包括报告。

• 跟进采购零件的先进产品质量计划（APQP）活动。

• 被批准的零件提交保证书（PSW）。

• 在供应商工厂进行与项目相关的过程审核和按节拍生产（生产能力审核）。

• 使用质量工具（SPC、MSA、APQP、PPAP、5 - why、FMEA、控制计划和 Minitab 等）解决问题。

2. “How is the project going?”

“一般的项目的开发过程是怎样的?”

接着他们就问了一个关于项目开发流程的问题。一般这是所有的汽车公司都需要遵守的流程，主要是前期的计划和确定项目、产品的设计和开发、过程的设计和开发、产品和过程的确认、反馈评定和纠正措施。

对于新项目开发而言，一般需要供应商参与设计开发，供应商对项目的成功起关键作用，因此，怎样让供应商理解客户的要求并开展工作来达到客户的要求，就是 SQE 的责任。SQE 需要与供应商确认 APQP 的开发计划并切实推进，协调解决开发过程中的问题，帮助顺利完成开发工作，以满足项目要求。

3. “If supplier can’t deliver part on time，how do you do?”

“如果供应商不能按时交货，有什么措施可以实施?”

一般采取的措施是提前预估风险，随时跟踪问题。如果发现确实会出现问题，应及时和供应商的上层领导反映，让供应商的上层领导知情，并且得到他们的支持，应采取临时措施，以避免赶不上进度。

4. “How do you solve the problem，give an example?”

“你怎么解决质量问题，举个例子?”

作为供应商质量工程师，最重要的职责是对质量问题的处理。通常会采用 8D 和 PDCA 等质量工具来处理一般的质量问题，并从系统的层面来预防问题的发生。

我就介绍了自己准备的内容，是关于以前工作中遇到的几个问题，如悬架弹簧、刹车片和线路板等质量问题。

面试结束后走出来，感觉还不错，有时面试就是靠感觉。

其实，主机厂的SQE比零配件厂的SQE的工作涉及面要广一些，要求高一些，但是要容易进行一些。因为主机厂的一级供应商普遍水平比较高，员工的整体素质比较好，质量体系也比较规范，生产设备比较好，员工的生产经验也比较多；研发能力比较强，研发的成功率也比较高，所以产生的质量问题相对较少，项目小组比较配合，解决问题的效率也比较高，还是比较容易管理的。

零配件厂的SQE所面对的二级供应商，往往人员素质不高，体系不够规范，生产设备比较差，比如有的设备本身就不行，是生产不出质量好的零件的，所以问题解决起来更加困难、更加具体，对零配件厂的SQE的能力有更高的要求，更能锻炼人。

我曾经参加过一个零配件厂的SQE的面试，问了如下一些问题：

1. CPK、CMK和PPK的区别？
2. 在PFMEA中RPN是怎样计算的？S，O，D是什么意思？
3. PPAP有几个提交等级？哪个等级要求最高？
4. CS1和CS2有什么区别？
5. Plating有哪几种？
6. Welding有哪几种？

这些面试问题简直可以准备一场质量工程师的考试了，可见问题真的很详细，其中一些问题的回答会在本节的“（三）”中进行详细阐述。

（二）专业面试需要注意的几个问题

1. 了解要面试的公司及其对新员工的要求

例如：丰田希望新聘员工具备如下关键特征：

①热爱汽车和技术工作。

②具备技术能力。

③创造性地解决问题的能力（跳出条条框框思考）。

④团队合作能力。

⑤快速、透彻而详尽地把握形势的能力。

⑥简单扼要地沟通状况的能力。

⑦始终按时工作的自律性。

⑧为目标工作的动机。

⑨为工作和公司的奉献度。

2. 考虑好你做过什么和你能做什么

虽然有时候现在的职位和以前的职位的工作内容有所不同，但是解决问题的思路是一样的，所以要尽量从过去的经验中寻找对将来工作有用的部分，并且详细地讲述它们之间的联系，以便让面试的公司对你能胜任这项工作有信心。

3. 坦然面对自己在工作中的失误

每个人在工作中都不能保证没有失误，关键是每个人对待失误的态度，能够诚恳地从错误中分析原因、及时改进，并且总结教训，避免以后再犯类似的错误才是最重要的。

4. 保持良好的职业气质

在这个位置上，就要完成这个位置的任务，起码对得起这份工资。任何时候都要明白自己的位置，不给别人添麻烦。

5. 感谢信

面试完了，一定不要忘记给面试的人发一封感谢信，这样他才会记得你，也有利于最后的成功，有时工作只是一部分，关键看怎么做人。

（三）SQE 的常见面试问题及答案

1. CPK、CMK 和 PPK 的区别

CPK 值是指工序在一定时间里，处于控制状态（稳定状态）下的实际加工能力。它是工序固有的能力，或者说它是工序保证质量的能力。

PPK 值是统计过程控制（SPC）中用来计算工序性能或叫过程性能的

指数，也可表示初始能力指数。

关于 CPK 与 PPK 的关系，这里引用 TS 16949 中 PPAP 手册中的一句话：“当可能得到历史的数据或有足够的初始数据来绘制控制图时（至少 100 个个体样本），可以在过程稳定时计算 CPK。对于输出满足规格要求且呈可预测图形的长期不稳定过程，应该使用 PPK。”

CMK 值是欧洲汽车行业常采用的参数，称为临界机器能力指数。它仅考虑设备本身的影响，同时考虑分布的平均值与规范中心值的偏移。由于仅考虑设备本身的影响，因此在采样时对其他因素要严加控制，尽量避免其他因素的干扰，计算公式与 PPK 相同，只是取样不同。

CPK、CMK、PPK 值要点提示：

①三者的计算公式都是相同的，只是取样（至少 100 个个体样本）不同。

②PPK，是进入大批量生产前，对小批量生产能力的评价，一般要求 PPK≥1.67。

③CPK，是进入大批量生产后，为保证批量生产下的产品的品质状况不至于下降，且为保证与小批量生产具有同样的控制能力，所进行的生产能力的评价，一般要求 CPK≥1.33。

④CMK，是指新设备或大修设备的机床能力指数，它仅考虑设备本身的影响，一般要求 CMK≥1.67。

2. 在 PFMEA 中 RPN 是怎样计算的？S，O，D 是什么意思

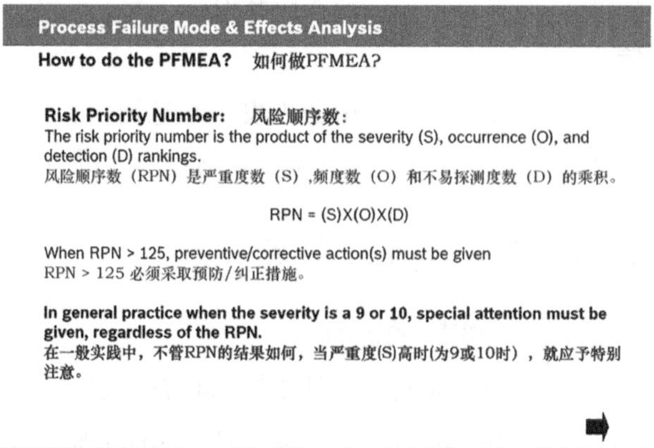

Process Failure Mode & Effects Analysis

How to do the PFMEA? 如何做PFMEA?

Risk Priority Number: 风险顺序数：

The risk priority number is the product of the severity (S), occurrence (O), and detection (D) rankings.

风险顺序数（RPN）是严重度数（S）,频度数（O）和不易探测度数（D）的乘积。

RPN = (S)X(O)X(D)

When RPN > 125, preventive/corrective action(s) must be given

RPN > 125 必须采取预防/纠正措施。

In general practice when the severity is a 9 or 10, special attention must be given, regardless of the RPN.

在一般实践中，不管RPN的结果如何，当严重度(S)高时(为9或10时)，就应予特别注意。

图 2－1 RPN 是怎样计算的

3. PPAP 有几个提交等级？哪个等级要求最高

PPAP level：

等级 1：仅向顾客提交保证书（对指定的外观项目，提供一份外观批准报告）。

等级 2：向顾客提交保证书和产品样品及有限的相关支持资料。

等级 3：向顾客提交保证书和产品样品及完整的相关支持资料。

等级 4：提交保证书和顾客规定的其他要求。

等级 5：保证书、产品样品，以及全部的支持数据都保留在组织制造现场，供审查时使用。

组织必须使用等级 3 作为默认等级，进行全部提交，除非经授权的顾客代表另有规定。

等级 3 的等级最高。

4. CS1 和 CS2 的区别

CS1 和 CS2 是控制运输的两个主要阶段，有的客户还会要求第三个阶段。

（1）控制运输——第一级（CS1）

CS1 的第一阶段就是要求供应商遏制可疑的产品和执行 100% 检验。这个过程可以由供应商的雇员来完成，或者通过供应商的雇员在第三方的检验公司来执行这个服务。成本或者人员的安排通常是决定是否外包这个服务的主要因素。

CS1 的第二阶段就是确认次品的根本原因和协调不可逆的改进措施。

CS1 的第三阶段就是通过以上的检验程序来确认改进措施是否有效。

（2）控制运输——第二级（CS2）

当客户在 CS1 阶段不能解决问题或者有重要的质量问题的时候，客户会要求供应商执行 CS2。每个客户有自己的标准来决定是否让供应商进行 CS2，通常如果在 CS1 过程中没有解决问题就会进行 CS2。

在 CS2 阶段，供应商持续进行厂内检验（和 CS1 一样），同时增加一个由第三方执行的检验程序，这个第三方通常由供应商选定，但是由客户来批准。供应商承担第三方检验的费用，有时比较昂贵。

5. Plating 有哪几种

真空电镀、塑料电镀、浸渍电镀、合金电镀……

6. Welding 有哪几种

电弧焊接、电阻焊、激光焊、固态焊接、电渣焊、高频焊、气焊……

7. 质量工具

(1) 鱼骨图

鱼骨图（Cause – and – effect diagram），如图 2 – 2 所示。

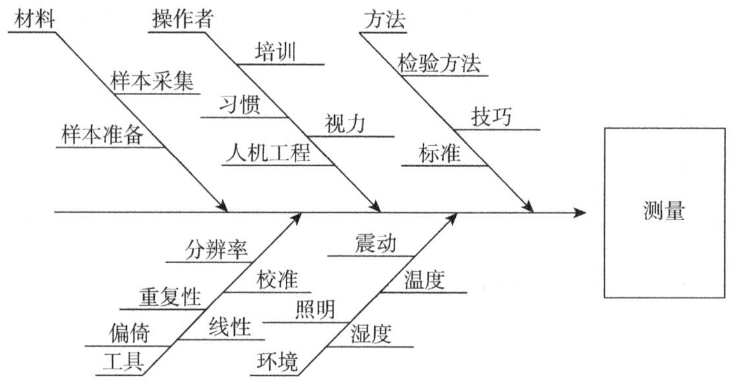

图 2 – 2　鱼骨图

质量不良情况检查表如表 2 – 1 所示。

表 2 – 1　质量不良情况检查表

项目	质量不良		收集人	×××	日期		
地点	质检科		记录人	×××	班次	全部	
日期 / 废品数/个 / 不良分类	1 月	2 月	3 月	4 月	5 月	6 月	合计
A	224	258	356	353	332	223	1746
B	240	256	283	272	245	241	1537
C	151	165	178	168	144	107	913
D	75	80	90	94	82	72	493
其他	14	18	27	23	16	32	130
合计	704	777	934	910	819	675	4819

(2) 控制图

控制图（Control chart），如图 2－3 所示。

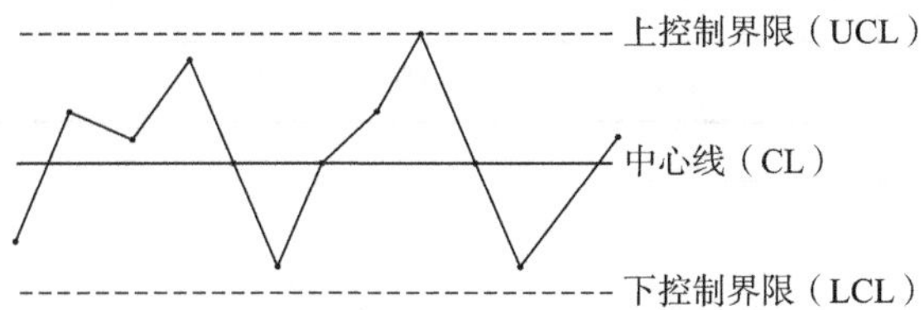

图 2－3　控制图

(3) 直方图

直方图（Histogram），如图 2－4 所示。

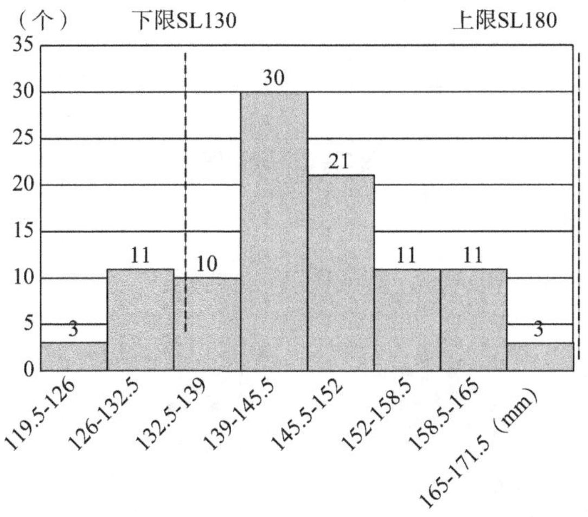

图 2－4　直方图

(4) 排列图

排列图（Pareto chart），如图 2－5 所示。

废品统计表

项目	废品数（件）	频率（%）	累计频率（%）
A	1746	36. 23	36. 23
B	1537	31. 89	68. 12
C	913	18. 95	87. 07
D	493	10. 23	97. 3

续表

项目	废品数（件）	频率（%）	累计频率（%）
其他	130	2.7	100
合计	4819	100	

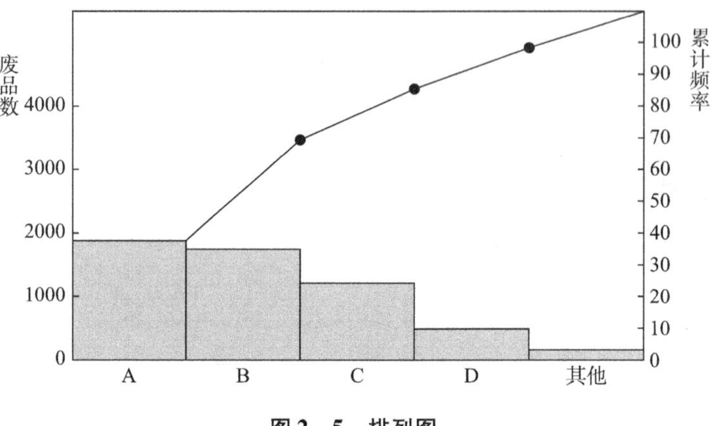

图2－5　排列图

(5) 散布图

散布图（Scatter diagram），如图2－6所示。

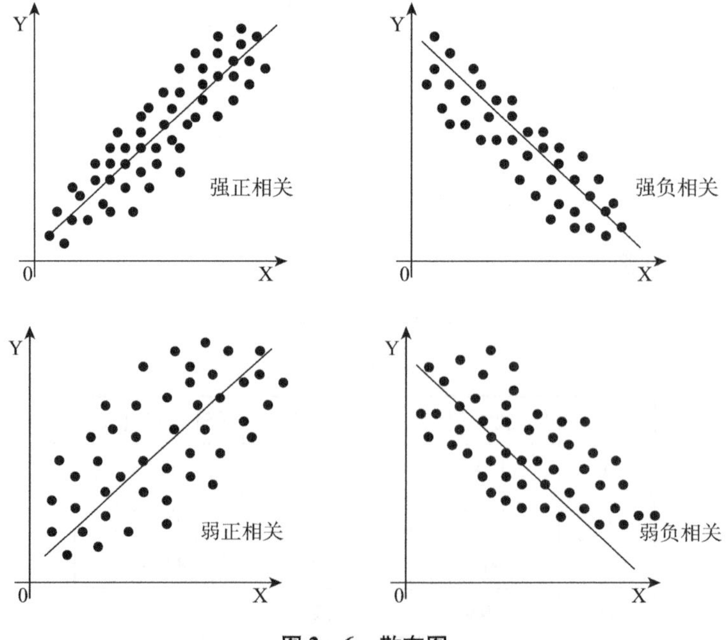

图2－6　散布图

（6）分层法

分层法（Stratification），如表 2 -2 所示。

表 2 -2　分层法表

表一

操作人员	OK	NOK	发生率
甲	6	13	0. 32
乙	3	16	0. 16
丙	10	9	0. 53
合计	19	38	0. 33

表二

配件厂家	OK	NOK	发生率
A	9	14	0. 39
B	10	17	0. 37
合计	19	31	0. 38

8. GD&T

几何尺寸与公差（Geometric dimensioning and tolerancing），是一个代码，又称为 GD&T 或 GDAT。它是以工程图纸和电脑生成的 3D 实体模型的名义明确描述几何及允许偏差。

9. 关于软技能的问题

（1）“How about your daily work，why do you leave your last job?”

“关于你的日常工作，为什么离开上一家公司?”

这个问题是一个坑，所以回答的时候要谨慎，尽量不要说出一些对自己不利的理由，比如身体不好、想离开某个城市。

（2）“How to solve problem?”

“你是如何解决问题的?”

最好说一些自己在解决问题过程中所起的作用，而不是只指挥别人做什么事情，一定要突出自己的能力。

（3）“How to deal with supplier？Deal with supplier，no response？”

“在交易中，供应商没有回复怎么办？”

如果供应商没有回复，就采用应急方法，赶紧处理问题以保障生产顺畅，其他的事情后面再说。

（四）一点感想

面试有时真的有机会的成分，如果不能好好地表述自己的工作，有时真的不能取得好的效果，就是自己有水平，也不一定可以得到这份工作。有的时候，真的不能只看公司规模大小，就像日本的“经营之神”稻盛和夫说的，关键看你怎么干，小公司认真干，也可以变成大公司。大公司关键看做人，小公司看做事。很多人的成功是因为平台好，如果离开那个平台，可能就做不好工作了，身边有太多这样的例子。

干活儿很重要，生活也很重要。

有很多SQE，每天出差坐飞机，住五星级酒店，在供应商那儿指手画脚，就以为自己的人生达到了新的境界，其实这些都是虚幻的表象，这些都是公司的平台给予的。如果离开公司的平台，供应商理也不会理你的。所以，要居安思危，找到自己的核心竞争力，想想离开公司、离开平台，你还有什么，这样才能在任何时候都立于不败之地，成为人生的赢家。

如果能够真正做好SQE，出去管理一个小的工厂应该没有大问题。这也可以成为将来的一个职业发展方向，因为SQE接触的范围比较广泛，对一个公司从内部的生产管理、供应商管理、物流、质量控制、人员管理、设计到外部的销售、采购都有全面和深入的了解。

三、供应商零件质量管理体系的建立

（一）汽车零部件产品开发的流程

产品质量先期策划和控制计划（Advanced Product Quality Planning and Control Plan，简称 APQP），是一种结构化的方法，用来确定和制定确保某产品使顾客满意所需的步骤。APQP 介绍如图 3－1 所示。

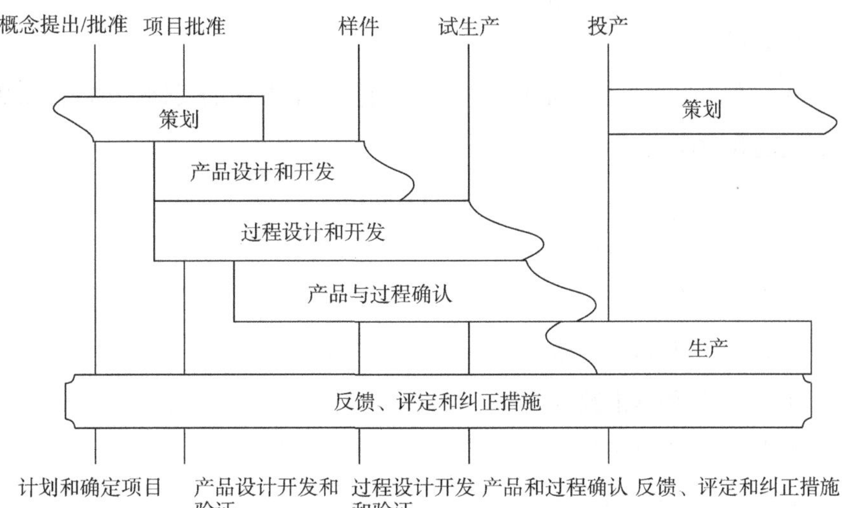

图 3－1　APQP 介绍

过程的方法，如图 3－2 所示。

一般每个步骤都用过程的方法来表示，每个过程包括：

输入：我们将接收到什么？

控制：用什么办法？（设备/设置）

通过什么人？（培训/知识/技术）

多少？（关键的测量）

如何做？（指导书/程序/方法）

输出：我们将交付什么？

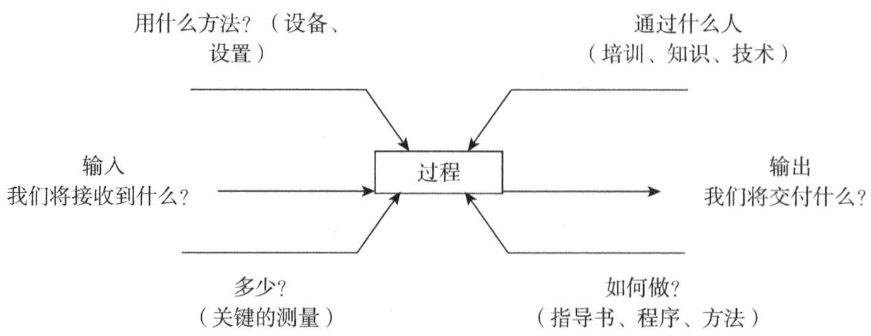

图3－2　过程的方法

1. 阶段1：计划和确定项目

（1）输入

- 顾客的呼声。它包括顾客积极和消极两个方面的反馈，如顾客的好恶、问题和建议。
- 市场调研。
- 保修记录和质量信息。
- 小组经验。
- 业务计划/营销策略。
- 产品/过程基准数据。
- 产品/过程设想。
- 产品可靠性研究。
- 顾客输入。

（2）输出

- 设计目标。
- 可靠性和质量目标。
- 初始材料清单。
- 初始过程流程图。
- 产品和过程特殊特性的初始清单。
- 产品保证计划。
- 管理者支持。

2. 阶段2：产品的设计和开发

（1）输入

- 设计目标。
- 可靠性和质量目标。
- 初始材料清单。
- 初始过程流程图。
- 特殊产品和过程特性的初始清单。
- 产品保证计划。
- 管理者支持。

（2）由设计部门负责的输出

- DFMEA。
- 可制造性和装配设计。
- 设计验证。
- 设计评审。
- 样件制造。
- 工程图样。
- 工程规范。
- 材料规范。
- 图样和规范的更改。

（3）由APQP小组负责的输出

- 新设备、工装和设施要求。
- 产品和过程的特殊特性。
- 样件控制计划。
- 量具/试验设备要求。
- 小组可行性承诺和管理者支持。

3. 阶段3：过程的设计和开发

（1）输入

- DFMEA。
- 可制造性和装配设计。

- 设计验证。
- 设计评审。
- 样件制造。
- 工程图样。
- 工程规范。
- 材料规范。
- 图样和规范的更改。
- 新设备、工装和设施要求。
- 特殊产品和过程特性。
- 样件控制计划。
- 量具/试验设备要求。
- 小组可行性承诺和管理者支持。

（2）输出

- 包装标准。
- 过程流程图。
- 场地平面布置图。
- 特性矩阵图。
- PFMEA。
- 试生产控制计划。
- 过程指导书。
- MSA 计划。
- 初始过程能力研究计划。
- 包装规范。
- 管理者支持。

4. 阶段4：产品和过程的确认

（1）输入

- 包装标准。
- 产品/过程质量体系评审。
- 过程流程图。

- 场地平面布置图。
- 特性矩阵图。
- PFMEA。
- 试生产控制计划。
- 过程指导书。
- MSA 计划。
- 初始过程能力研究计划。
- 包装规范。
- 管理者支持。

（2）输出

- 试生产。
- 测量系统评价。
- 初始过程能力研究。
- 生产确认试验。
- 包装评价。
- 生产控制计划。
- 质量策划认定和管理者支持。
- 生产件批准（PPAP）。

5. 阶段5：反馈评定和纠正措施

（1）输入

- 试生产。
- 测量系统评价。
- 初始过程能力研究。
- 生产确认试验。
- 包装评价。
- 生产控制计划。
- 质量策划认定和管理者支持。
- 生产件批准（PPAP）。

（2）输出

- 减少变差。
- 顾客满意。
- 交付和服务。
- 有效应用经验学习和最佳实践。

（二）SQE 工作涉及的全流程

根据 APQP 总的要求，每个主机厂会制定适合自己的生产状态的供应商质量管理的流程。

主机厂对供应商质量管理的一般的总流程举例如图 3－3 所示。

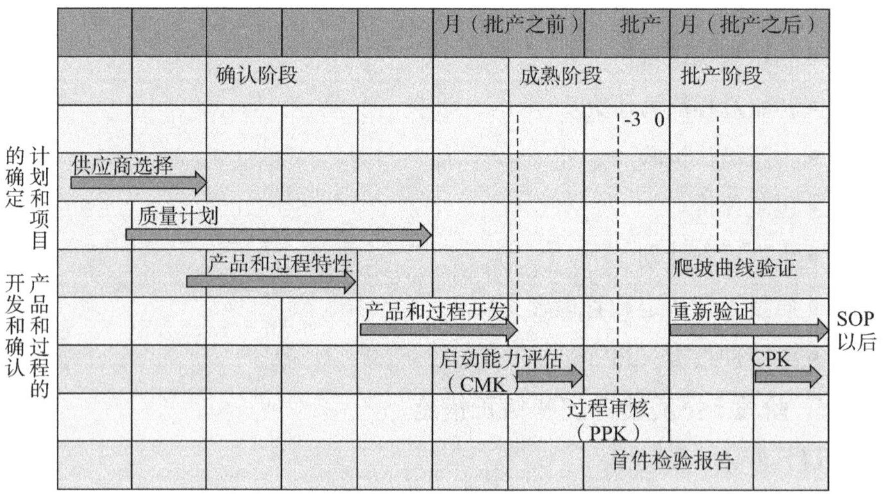

图 3－3　主机厂对供应商质量管理的总流程

供应商质量管理的流程包括以下步骤：

第一，计划和项目确定：主要包括项目风险评估、供应商选择、质量计划。

第二，产品和过程的开发和确认：主要包括产品和过程特性、产品和过程开发、启动能力评估 CMK、过程审核、初始样件检测报告（ISIR）。

第三，SOP 批产：批产以后包括爬坡曲线的验证和生产阶段（生产和过程监控与再验证）。

第四，质量问题的解决流程。

供应商质量管理的流程如图 3－4 所示。

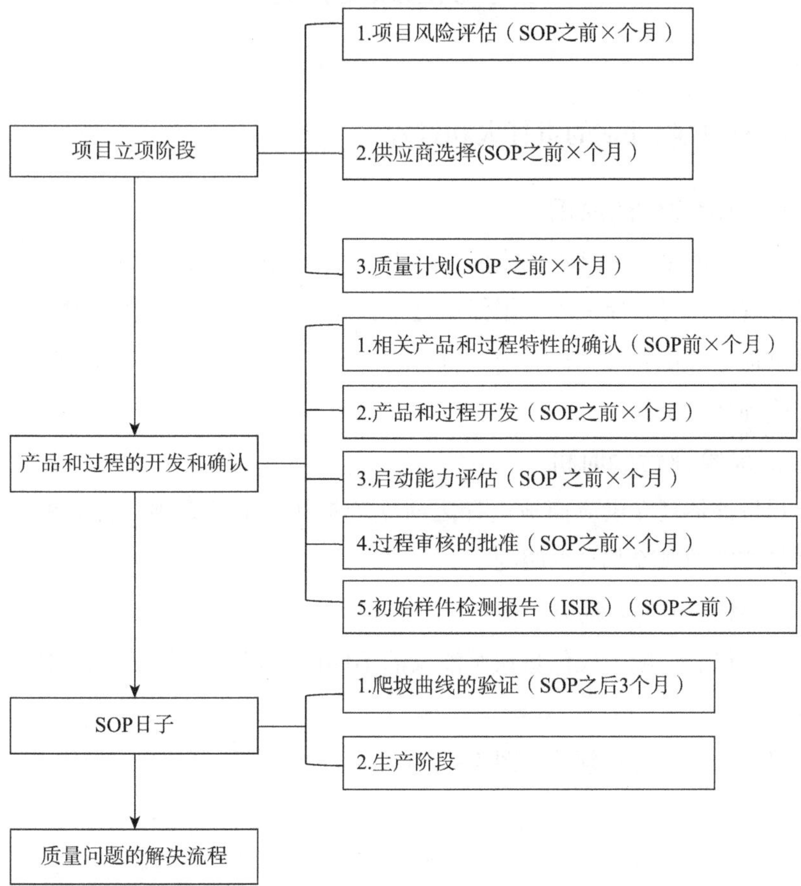

图 3－4　供应商质量管理的流程

参考文献

①APQP 产品质量光期策划手册

四、项目风险评估

（一）风险评估的责任人和过程

1. 风险评估的原因

从生产的第一天到零件生命周期的结束，供应商的生产和供货能力及质量表现必须得到保证。为了保证这个要求的实现，所有可能的风险都必须尽早地被确认和最小化。为了有助于这项工作的实施，一般的公司会设立风险评估这个程序。

2. 风险评估的时机

项目评估是在供应商被选择之前立刻被执行的，在项目开始的时候，整个供应链的风险都是透明的。

3. 风险存在的领域

项目风险一般不仅仅是在所涉及的不同的公司里，也存在于它们的接口处。

风险的三个责任领域如图 4－1 所示。

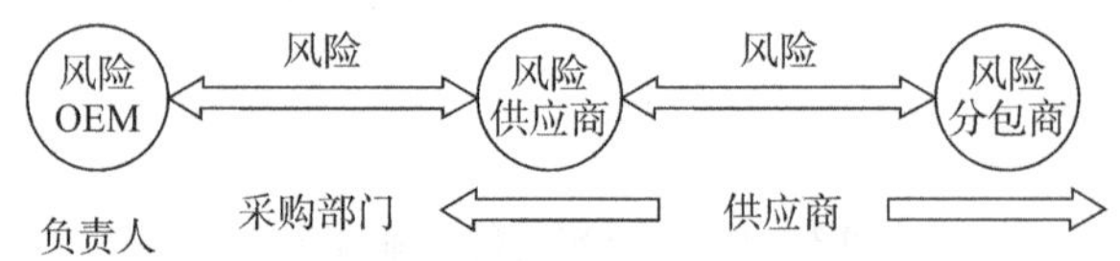

图 4－1　风险的三个责任领域

为了清晰地分配解决风险的职责，公司一般把这些风险总结到三个责任领域：在主机厂内部、主机厂与供应商的接口处、供应商和子供应商的内部与接口处。

4. 供应商风险评估责任人

主机厂的采购部门负责供应商风险评估，包括评估供应商的潜在风险，定义职责和将其最小化的措施。

5. 风险评估的作用

①识别供应商和子供应商的潜在风险。

②在合作开始时，提出解决任何风险的方案，分清各自的职责。

③在产品和工艺开发过程中，有助于确定主机厂对项目监督的级别。

④成为现实的资源和项目计划的基础。

（二）输入：供应商风险评估的一些要点

1. 基本要求

例如：

①是否已经供应中国的主机厂（是新的供应商，还是老的供应商）？

②和主机厂有没有生意往来（因为在欧洲的总公司都是欧洲主机厂的供应商，是跟着主机厂来中国建厂的，所以有生意往来）？

③在 IATF 16949 注册过（这个注册是汽车行业最基本的要求）。

④有没有安装 SAP-System（这个软件负责公司内部 ERP 系统的建立）？

⑤PPM 的要求低于 200/10000 件的次品率。

2. 设计方面的要求

例如：

①是否有设计更改的程序（设计更改很重要）？

②以前是否有过合作的经验？

3. 供应商管理方面的要求

例如：

①是否有供应商选择、评估、年审和 PPAP 的程序？

②是否有审核计划？

③审核是否有结果记录？

④是否有持续改进措施？

⑤是否有 8D 报告？

⑥是否有安全库存？

⑦是否有 ERP 系统？

4. 项目管理方面的要求

例如：

①是否有项目组长（主要和客户沟通的联系人）？

②项目小组是否成立，各自的职责是否明确？

③项目计划是否完成？

5. 质量方面的要求

例如：

①是否有实施产品追溯的程序？

②质量系统方面的内容：

- ISO 9001/IATF 16949 是否通过认证？
- 8D 报告、持续改进是否到位？
- FMEA/控制计划/过程流程图/内部的审核、结果和持续改进。
- 不合格件控制的程序。
- PPM 是否有纠正预防措施的控制程序？

③实验室方面的内容：

- 校核是否完成？
- 是否具有和执行进料检验程序？

④进料检验方面的内容：

- 是否有进料检验的程序？
- 过去的进料检验结果是什么样的？
- 有无客户抱怨，有无持续改进？

⑤物流方面的内容：

- 是否有 MRP 系统、SAP 系统？
- 是否执行 FIFO（先进先出）？
- 是否有追溯性系统，执行得怎样？
- 是否被使用到多个工厂？
- 是否为不同的交付方式？
- 组件的响应时间（如果有意外，应该有快速反应的计划）。
- 包装的能力如何？

- 混合的风险多大？
- 是否为 JIT/JIS 的零件？

⑥解决问题的过程的内容：

- 关于运送的质量的问题。
- PPM 目标的超越、投诉的数量。
- 8D 报告的质量，重复的错误，问题解决的时间。

⑦现场质量的内容：

- 基于过去项目经验的现场质量。
- 基于以前项目经验的高保修成本、高数量的保修问题和故障。

6. 开发竞争力方面

例如：

①开发概念成熟度的内容：

- 验证过的工业过程（工艺流程是否被验证过）。
- 在审核中发现的问题（有没有跟踪和进行持续改进）。
- 有没有记录风险管理的文件（如 FMEA）？

②开发过程复杂度的内容：

- 应用生产技术的数量（有哪些先进的技术）。
- 应用生产技术的变体（是否还生产不同的产品）。
- 与汽车接口的数量，集成到汽车上的风险（是否适合被安装到汽车上，有无风险）。

③结构配套的内容：

- 使用范围：该零件是否可以被应用到一个车型/更多的车型/更多的生产线？
- 是否为部件的通用型？
- 是新的部件、协同部件还是共用部件（零件的分类）？

④技术风险的内容：

- 这项技术首次被使用（技术上是否成熟）。
- 这项技术的生产性（工艺过程的经验是否缺少）。

⑤生产的可行性的内容：

- 工具的重要时间结点（工具是否能够按时完成）。
- 过去流程的报废率（次品率是否高，有没有被隔离）。
- 自动化程度低/手动程度高（是否保持高的自动化）。

⑥新技术的内容：

- 应用的生产技术、生产设备、工具、过程和方法。
- 手工操作的风险。
- 供应商在应用技术方面的经验。

⑦供应商的质量系统：

主要包括证书、参考项目、内部审核的结果、所发现的问题项的改善程度。

（三）输出：供应商风险管理报告

一般我们在访问供应商以后，会生成一个风险管理的报告，具体如表 4－1 所示。

表 4－1　供应商风险管理报告模板

公司介绍	地点
名字： 工厂成立时间：	工厂地点：
开发竞争力	技术
产能	产品类型
客户	雇员

我们实际操作中一般是形成英文的报告。同时，对于供应商各方面的情况也会形成一个优势风险分析表，具体如表 4－2 所示。

表 4 –2　供应商优势风险分析表

类型	优势	潜在的风险
项目管理		
质量管理		
物流管理		
生产管理		
总结		

然后会生成一个初步的分析意见。回到公司以后，大家会一起讨论得出最终的结论，从而建立供应商信息数据库。

（四）我所经历的项目风险评估的过程

一般对同一种产品，公司采购部门会挑选 3 ~4 家供应商，然后一起对他们进行集中访问。这样做的好处是：因为是同一种产品，技术要求、材料和设备都差不多，有的是老的供应商，有的是新的供应商，所以他们之间的差别就很容易看出来。通常把这样的过程叫作风险评估（Risk Assessment）。

比如一个产品有两家供应商，一家在 A 城，一家在 B 城。

我们决定先去 A 城的那一家，去之前先发了一个关于议事日程（Agenda）的电子邮件，让对方知道我们此行的目的和行程安排，并且在出发之前已经得到对方的反馈。

一般的行程安排如表 4 –3 所示。

表 4 –3　一般的行程安排

Dates	×××× – ××××
Participants（参加人员）：	
Objectives（目的）：	
	Risk Assessment for ×× Nanjing（A 公司风险评估）
Day1（第一天）	

续表

Start （开始）	*Finish* （结束）	*Topic* （主题）	*Participants* （参加者）
13：00	15：00	Introduction meeting（介绍会议）	××
15：00	17：00	• incoming inspection（进料检验） • Warehouse（仓库）	××
Day2（第二天）			
Start （开始）	*Finish* （结束）	*Topic* （主题）	*Participants* （参加者）
8：30	8：45	Brief agenda review（碰头会）	××
9：00	12：00	Process audit（过程审核）	××
12：00	13：00	Lunch break（午饭）	××
13：00	14：00	Personal（人员管理）	××
14：00	15：00	Lab（实验室）	××
15：00	16：00	Maintenance/Supplier Management（维修/供应商管理）	××
16：00	17：00	Summary（总结会）	××

这是一家位于A城开发区的工厂，占据了一个大楼的两个楼层，设备基本上是从别的工厂搬过来的旧设备，已经有了一个企业初步的规模。

该项目的组长热情地接待了我们，然后把我们引荐给公司的总经理——一个精明的中年人，原来在外企做过多年的项目经理，然后才应聘到这家企业做总经理。（看来这也是职业经理人的一般职业轨迹，先在规模大的公司做项目经理，然后做职业经理人。）

我们在一个小的会议室开始了第一个活动——会议介绍（Introduction Meeting）。从总经理的介绍中了解到，这家公司成立于2001年，是一家欧洲公司在中国的子公司，以前在欧洲就是我们这家公司的供应商，现在的厂房是租赁的，正在计划购买土地自建厂房。

• 在设计方面，该公司购买了正版的设计软件，现在设计部门有4个专职工程师，具有给国内主机厂提供设计的经验。

• 在设备方面，具有生产该零件所有的设备，并不需要特别投资，这些设备没有为我们公司提供过量产产品。

• 在产能方面，100% 的产能被使用，现在的产能是××××件/月（2 班/天，6 天/周），产能将在半年内得到提升（将会增加一个总装线）。

• 在客户方面，有雪铁龙、长城、上海通用、尼桑。

• 在雇员方面，有××名员工。

然后，我们又参观了进料检验车间和仓库。

回到酒店和供应商一起吃了晚饭，回到房间已经是晚上 10 点了。

第二天，8 点准时到达工厂，继续接下来的行程。首先去了车间，观看各个工艺流程。吃过午饭，一起看了实验室、维修车间和供应商管理处。最后和他们一起做了一个总结。

基本情况的总结如表 4－4 所示。

表 4－4　某公司的基本情况总结

方面	优势	风险
项目管理	1. 得到欧洲总部的支持 2. 欧洲的母公司已经给欧洲的主机厂供货 3. 和很多主机厂有合作关系（大众、雪铁龙、长城、上海通用、尼桑）	1. 新的国内供应商 2. 没有员工的岗位技能要求分布矩阵图技能分布 3. 项目管理不是很有效，许多人员承担一个责任
质量管理	1. TS 16949 和 ISO 9001 已经得到认证 2. 具有机床的维修计划 3. 具有检测设备的校准计划	1. PPM 在 200 左右 2. 没有进料检验的程序 3. 没有对内部审核的跟踪和持续的改进，没有 8D 报告 4. CMK 和 CPK 不在限定值的范围内，没有对持续改进的行动计划

续表

方面	优势	风险
物流		1. 产品只能追踪到生产日期，不能追踪到批产日期 2. SAP 将被应用到工厂系统上 3. 5S/FIFO（先进先出）不起作用；在仓库中进料的区域太小 4. 化学仓库不安全（没有温度控制、没有过期时间）
生产管理		1. 设备、地板与机器是旧的、脏的和有油的 2. 工人需要更多的安保用品（焊接的安全眼镜） 3. 有些机器只有德语标识，没有中文标记 4. 大多数生产机器没有防错（Poka Yoke）系统

总结：

①已经使用了 100% 的产能。

②在国内，产品已经供货给国内的主机厂。

③还没有给我所在的公司供货。

④得到 TS 6949/ISO 9001 认证。

⑤机器的 5S 没有到位。

⑥SAP 系统没有到位。

后来，我们又去了一家在 B 城的做同样产品的供应商的公司，也是同样的行程，不过所看到的是完全不同的景象，有比较才有收获。

在 B 城那家工厂，母公司是这个行业的世界龙头企业、隐形的巨人，厂房是自建的，超过 2000 平方米，还有 2000 平方米的在建厂房，所有的设备都是从欧洲进口的。崭新的设备，流程也制定得很完善，人员素质也比较高，基本挑不出毛病。

五、供应商选择

供应商选择，选择合格的零部件厂家作为合作伙伴，一般通过计划和项目的确定，建立项目小组，确定全部的供应商信息数据库，现场考察，建立供应商选择的标准来评价供应商，然后确定供应商。

（一）供应商选择的过程

1. 输入：计划和项目的确定

汽车中的50%的零件是由供应商提供，而且由于每个零件在汽车中的位置和功能是不一样的，所以都有独自的设计目标、可靠性和质量目标、时间结点及价格要求。所以，一开始必须清楚明确地以书面的形式记录下来和得到公司的批准，同时也作为项目的输入。

2. 谁进行？建立供应商选择的项目小组

企业必须建立一个项目小组以便控制和实施供应商评估，组员来自设计、采购、质量、物流等部门，组员必须具备团队合作精神，具有一定的专业技能。项目小组的工作也离不开制造商企业和供应商企业最高领导层的支持。有的时候，企业的主要负责人会担任项目小组的组长，说明了企业对供应商的重视。

主机厂的采购部门负责最终供应商的选择的决定和合同的起草工作，采购部门同时得到由设计、零件质量管理和物流等部门组成的项目小组的支持。

3. 如何做？确定所有可能的零部件供应商的名单

通过参加行业协会、行业会议、展览会，采购人员、销售人员或行业杂志、网站等媒介渠道与供应商直接接触，了解市场上能提供所需物品的供应商，从而建立供应商信息数据库。

供应商信息数据库，一般会记录每个供应商的工厂地点、开发竞争力、技术、产能、产品类型、客户和员工的情况，还包括在项目管理、质

量管理、物流管理和生产管理等方面的优势和潜在的风险。

供应商的分类有很多方式，比如丰田一般按照以下方式分类：

①**合作伙伴**。这些企业已经有一定的规模，在技术上独立自主，有能力设计总成和部件，并且拥有完整的样件制造和测试能力。

②**成熟的供应商**。就工程设计和制造能力而言，他们非常成熟，但是自主性稍差，更多地依靠主机厂的指导。

③**咨询式的供应商**。这些供应商制造诸如蓄电池和轮胎之类的零部件，主机厂一般会重视他们的技术专长，让他们为新车型提供意见。

④**合同制的供应商**。主要是生产螺栓螺母、支架和火花塞之类的通品，这些零部件不需要主要的供应商。

所以对于不同的供应商，必须采取不同的合作方式。但是对于同类产品的供应商必须有多个候补厂家，对于每家供应商优缺点必须有所了解，以便更好地进行供应商的选择工作。

主机厂和供应商的关系是以伙伴关系及信任为基础的。在供应商选择的过程中，潜在的供应商成功地让主机厂的项目小组相信他们的设计将满足主机厂在技术、创新、质量和成本等方面的要求，这样就为一个成功互惠的合作关系建立了基础。

4. 如何做？现场考察

与供应商联系，对供应商的现场进行方方面面的考察，从而对供应商的管理能力、财务状态、技术能力、生产能力、质量管理、物流状态和风险有直观的认识，并记录下来，登记到系统中。

5. 使用的关键准则？建立供应商选择的标准来评价供应商

建立供应商选择的标准程序，对供应商的技术、质量、工艺、价格、生产能力、物流、项目管理和供应商管理等因素的权重给出分值。同时，对于不同的企业，在进行评估指标权重设计时也应不同。

供应商选择就是在众多潜在供应商里选择出符合要求的供应商。按照不同的层次标准，主机厂对供应商评价可以分为以下几个方面：

①产品创新和设计上的优势。

②产品质量/精益生产工艺。

③生命周期的成本。

④供货能力和即时供货。

⑤项目管理。

⑥价值建立链/子供应商管理。

对供应商选择的决策，不仅仅是采购部门的事情，而是通过项目小组集体讨论和协商选择供应商。

丰田的供应商选择标准如表 5－1 所示。

表 5－1　丰田的供应商选择标准

项目	供应商的选择标准	评价手段
质量	1. 产品的质量水平 2. 质量保证体系（生产环节、企业整体），评价、检查体系，不合格品的处理方法 3. 生产环节（所有环节、设备、作业标准）	样品评价 访问供应商
价格	1. 报价 2. 成本计划能力 3. 成本管理和改善能力	报价评价 样品评价 访问供应商
交货 生产	1. 生产（生产量、生产能力，所拥有的生产工艺和设备） 2. 批量生产准备（从计划到批量生产所需时间，批量生产时的外购零部件的管理等） 3. 生产现场（工艺设计、作业标准） 4. 设备管理体制（保全体系、异常处理体系） 5. 生产管理、交货管理	样品评价 访问供应商
技术	1. 产品的技术水平（与丰田所要求的技术参数的配合状况，与竞争对手的比较，先进性，附加值） 2. 技术开发能力（设计能力，使用承认图纸的经验，试验、研究设备，从研发到试生产所需时间）	样品评价 供应商访问
经营	1. 经营态度（首脑的领导能力，经营资源的有效利用，首脑的承诺，交流） 2. 经营的安全性 3. 劳资关系 4. 2 级采购的管理体系（开发、交货、质量、成本、经营）	访问供应商 日常业务的交流

要选择合格的供应商，必须综合考虑上述因素，并结合不同的产品及公司的战略，确定以上因素的权重并给出分值，从而对供应商进行选择。

采购实践证明，供应商经常会在组织机构、质量体系、合同评审、设计控制、文件和资料控制、采购管理、产品标识和可追溯性、过程控制、检验和试验、不合格品的控制、质量记录控制及内部审核等方面出现问题。

6. 输出：确定供应商和签署合同

在综合考虑多方面的重要因素之后，项目小组就可以给每个供应商打出综合评分，选择出合格的供应商。

主机厂的采购部门负责供应商的选择和合同的起草工作。采购部门同时得到由设计、零件质量管理和物流等部门组成的项目小组的支持。

供应商的选择跨越项目开发的不同阶段，这取决于合同所规定的服务范围和供应商的类型。

供应商的职责与提名日期如下：

- 负责设计的供应商一般为 SOP 之前 × ×月。
- 负责工艺开发的供应商一般为 SOP 之前 × ×月。
- 负责标准零件的供应商一般为 SOP 之前 × ×月（根据项目需求和服务的范围来定）。

供应商选择的决定是主机厂基于对供应商的项目的投标和以上所有领域的计划做出的。在大多数情况下，潜在的供应商之间存在竞争关系。如果是一个已知的有良好的供货经验的供应商，比如长沙博世、长春大陆，可以采取直接任命，同时考察供应商的生产能力来做出决定。

当供应商被任命后才能完成合同的起草工作，内容的要求可以参考以下几点：

清楚地注明要求；协议的目标；可实现的目标；兼容的前提和条件。

供应商合同包括以下协议：

保密协议；开发合同；保障协议；供应合同；合作开发/供应合同；要求标准；服务水平协议/质量要求；物流和服务的范围。

一个被任命的主机厂供应商将对总的质量管理承担最大的责任。随着任命的结束，一个长期的合作关系就开始了，这需要基于双方的信任，像真正的合作伙伴一样工作。

（二）选择供应商时应注意的问题

1. 一定要去现场考察

有的供应商的报价很诱人，做的报价单也很完美，但是与实际情况往往出入很大，所以一定要去现场考察，去车间走走和员工聊聊，掌握第一手资料，这样才能为最后做决定提供很好的基础。

现场的力量是强大的工程师，关于这点日本的企业做得比较好，一般日企的工程师在研制新产品的时候都必须到车间和工人一起干活，这样设计出来的产品才能接近实际，不但考虑到设计上的要求，同时也考虑到现场加工的要求，这样就大大降低了设计出错的风险。

2. 不仅关注硬件，也要关注软件

事情都是人做出来的，硬件可以用钱买到，但是软件如人员的素质不是一蹴而就的，需要时间和精力的投入才能看出效果，因此选择容易合作的项目小组也是项目成功的关键。很多时候，也需要在硬件上避免人工的出错，比如增加防错措施、增加机器人的数量。

（三）中外供应商关系比较

在产品开发中，主机厂和供应商的角色是不一样的。主机厂负责汽车的总布置，外形设计和四大工艺设计；供应商负责零部件的设计，并将设计提交给主机厂进行校核。

在汽车行业，由于大部分的零部件是由供应商供应的，所以供应商和主机厂之间的关系对汽车生产起到至关重要的作用。

主机厂为了降低成本，一般都只保持很少的零部件库存，必须有物流随时从供应商送货到主机厂，所以一般几个大的供应商都会把工厂设在主机厂周围，以便及时供货。

在主机厂选址规划的时候，一般周围就会布置座椅、车门、保险杠、发动机工厂的位置，这样就保证了随时供货。

曾经有一些经典的词语来描述中外供应商和主机厂的关系：欧洲汽车行业的整车与零部件公司的关系是“自由恋爱”；日韩汽车行业的整车与

零部件公司的关系像“夫妻”；中国汽车行业目前的整车与零部件公司的关系就像“走婚”，即今天与这家合作、明天就可能换成另一家。

1. 欧洲主机厂和供应商的关系

由于我所在的公司是外企的关系，我们曾经拜访了很多在中国的欧洲供应商。有个奇怪的发现：他们很多都是家族企业，往往只生产一种类型的汽车配件，规模往往不大，但是和欧洲主机厂已经一起合作了很多年，深得主机厂的信任。他们也跟着欧洲主机厂到世界各地去设立新的工厂，往往每个小公司都有自己独立的专利，自己的产品在行业里也是隐形冠军。

曾经有个来自欧洲的供应商来到中国，想和中国的某个零部件的龙头企业合作，但是中国的龙头企业认为自己在技术上有优势，而且又是该零部件在中国市场的领导者，所以并不想和他们合作，后来这家欧洲供应商就找了一家在东北的小公司合资。这家合资厂成立以后，立马拿到了来自欧洲供应商服务的主机厂的大笔的订单。这时那家中国大公司也有点后悔，但是没办法，决定权在主机厂外方手里。这也从侧面看出欧洲主机厂和欧洲供应商之间由于长期合作所形成的牢固关系。

这大概也是欧洲工业强盛的原因之一。因为这种牢固的合作关系，才能让小的供应商沉下心来，踏踏实实地搞研发、做事情。所以，在历次的金融危机面前，很多欧洲企业才能屹立不倒。

2. 日系主机厂和供应商的关系

我也曾经在日系的供应商工作过，那是一家生产空调管的供应商，专门给丰田、本田供货，也跟随着丰田、本田到全世界各地设立新的工厂。一般设计中心在日本，有利于和丰田、本田总部的设计部门保持紧密的联系。世界各地的工厂一般只负责生产和报价，接收日本总部的设计图纸，并且和日系的各主机厂保持密切的配合，每天按进度给主机厂发货，这样就省去了很多进出口的环节。

日系主机厂和供应商是长久和广泛的合作关系。主机厂让所有的供应商都经历完整的、一步一个脚印的训练。一开始，产量不大，试着做了一两个项目，对供应商的表现进行观察，并将主机厂的开发和制造方法传授给供应商。然后，慢慢增加项目，使其逐渐成为一个有价值的和可信赖的供应商。走到这一步可能会用10年时间，以后会每年考察供应商的表现。如果表现好，就会增加订单；如果表现不好，就会减少订单；如果改善了，还会恢复订单。同时，供应商会派驻场工程师到主机厂和主机厂的工程师一起工作，以了解主机厂的公司文化和工作安排。日系的主机厂往往参股到供应商里，而且使其成为独家供应商，因此供应商往往会死心塌地地给主机厂干活，和主机厂共同进退。

3. 中系主机厂和供应商的关系

由于中国汽车工业发展的历史比较短，中系主机厂在技术上没有优势，价格定位比较低，因此中系主机厂常常处处注重成本，希望在价格上弥补技术上的不足，所以对供应商就没有那么仁慈了。供应商一般前两年是只有投入没有收入的，工装开发的费用也是被平摊到产品的价格中，付款周期也比较长。有时主机厂还会拿着第一家供应商的设计去找第二家供应商供货，然后和第一家供应商取消供应关系，这样第一家供应商前两年的投资往往血本无归，因此没有一定的实力，是不能做中系主机厂供应商的。

但是，随着近几年中系主机厂在电动车和SUV上的不俗表现，一些顶级的外资供应商如博世和大陆也积极投入中系主机厂的供应商队伍中，希望可以分一杯羹。所以，本土的供应商能够完成原始积累是比较难的，到现在为止，中国还没有一家像博世和大陆一样真正的本土汽车供应商，这和我们的汽车大国的形象还不符合，其中的原因值得深思。

参考文献：

1. ［美］詹姆斯·摩根（JamesM. Morgan），［美］杰弗里·莱克．精益产品开发设计[M]．北京：人民邮电出版社，2017

六、启动会议

在选定供应商之后，一般会组织一个启动会议（Kick off meeting）。

会议的目的：标志着项目的正式开始。

启动会议的目的其实就是表示产品开发已经正式授权给供应商，而且供应商已经和主机厂签署了产品开发合同（协议），并且已经对项目有了初步的了解，成立了项目小组，得到管理者的人员和资金支持，编制了项目计划，对产品进行正式的开发启动仪式。同时，双方还对下一步如何进行协调推进项目达成了共识，双方的人员有了第一次正式的接触和沟通。

（一）谁进行？参与的人员

项目小组一般包括以下成员：

①主机厂：采购人员、物流人员、质量人员。

②供应商：项目经理，采购人员、物流人员，生产、技术和质量人员。

整理出的项目相关人员的联系表，如表6－1所示。

表6－1　××项目联系表举例

Department（部门）	供应商（中国工厂）	主机厂（中国）	主机厂（采购中心）
Project Leader（项目经理）	××××		
Account manager（客户经理）		N/A	N/A
Quality（质量）		×××	×××
Development（设计）		×××	N/A
Purchaser（采购）		×××	N/A
Logistics（物流）		×××	N/A
Production（生产）		×××	N/A

看起来好像项目组就这样成立了，其实最大的问题是供应商项目经理的人选。由于在国内的大环境下，供应商一般会做很多主机厂的产品，在新车上市的压力下，每个产品都是时间紧、任务急，作为项目总协调人的项目经理，往往需要应付很多的主机厂，而且都是客户，都不能得罪，所以压力很大，每天有很多来自主机厂的电话在催促。另外，供应商的薪资待遇和福利都没有优势，人员流动就成了平常的事情，因此一个项目要经历好几个项目经理的事情也是正常的。每次新的项目经理到位都需要重新熟悉情况，这样又要耗费很多时间和精力，所以寻找一个靠谱和能力强的项目经理也是一个项目成功的关键。

（二）输入：主机厂提供给供应商的信息

主机厂会提供给供应商以下信息，作为项目的输入。

1. 主机厂的开发说明

这包括项目的总计划、各方的职责、项目挑战、联系人、供应商供货计划、供应商情况报告，以及供应商里程碑。

2. 新车的开发计划

这包括新车开发的里程碑（各个公司的表现手段是不一样的，一般都会标注出重要的时间节点）。例如：图 6 – 1 是零部件采购时间表的示例。

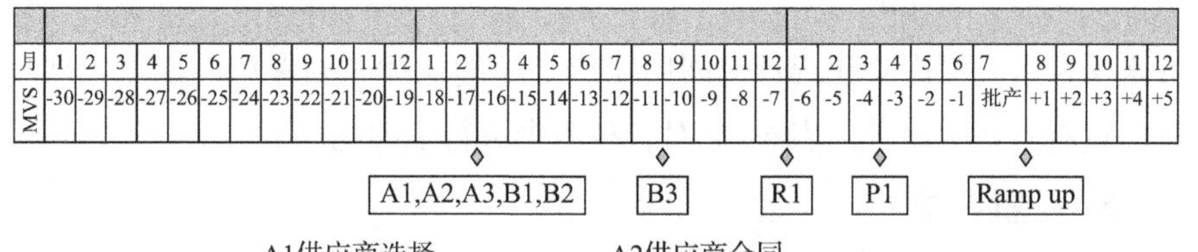

A1供应商选择　　A2供应商合同
A3供应商质量的提前要求　　B1产品样件的提前要求
B2质量计划　　B3产品和过程特性
R1过程开发和过程优化　　P1过程审核
Ramp up爬坡生产

图 6 – 1　零部件采购时间表示例

3. 供应商信息系统介绍

为了更好地管理供应商，一般主机厂都会在公司内部的企业资源计划（ERP）系统上加入供应商质量管理的模块，里面一般会加入每个供应商的信息，以及历史上发生过的问题、现在所处的状态。一般在项目开始的阶段会介绍给供应商，以便在项目的每一阶段，可以持续地更新系统里面的内容，做到随时随地对供应商的状态都一目了然。

4. 供应商服务水平协议

供应商服务水平协议主要解决两方面的问题：一是明确主机厂和供应商之间的职责分工，各司其职；二是平衡工作量，如表6-2所示。

表6-2　供应商服务水平协议表举例

供应商服务水平协议（计划和批量生产）								
序号	内容	责任分工			日期	备注	标准	结果
		采购	SQE	供应商				
1	评价供应商的制造工艺	R	A	I				
2	计划过程审核	I	I	R				
3	完成PFMEA	I	A	R				
4	定义特殊特性	I	I	R				

注：R表示负责，A表示批准，S表示支持，I表示通知。

一般一个项目需要经历半年到一年的时间，不同公司、不同部门的人员都要参与进来完成一个项目，所以分清各自的职责就显得非常重要。总的来说，供应商需要在规定时间内完成产品的设计并确保产品质量，而主机厂负有监督的职责。表6-2对各种职责进行了细化。

5. 质量要求

主机厂的总的质量要求，包括参考标准、项目管理。

6. 质量目标

质量目标主要包括以下内容：

①可行性研究。

②FMEA：工程能力（PPK≥1.67，CPK≥1.33）。

③ISIR报告提交。

④可靠性。

⑤重复认证。

⑥产品和工艺认证。

⑦可追溯性。

⑧ 0 缺陷目标，×××ppm（SOP 后 6 个月）；×××ppm（SOP 后 7～12 个月）；0ppm（12 个月以后）。

⑨返工、问题管理、功能尺寸概念和经验计划、子供应商管理，等等。

7. 供应商状态报告

它是对供应商在采购、质量和物流方面的一个总的评价，并用颜色来表明状态和风险的项目，涉及的评价事项如表 6－3 所示。

表 6－3　供应商状态报告举例

采购	质量	物流
合同	供应商资格	供应商概念
订单状态	生产过程开发	生产运输
项目过程，发布状态	质量要求	零件可获得
供应商能力	软硬件	物流
零件可获得	信息系统	信息系统

（三）输入：供应商应该提交的文件

1. 项目计划

供应商可以根据主机厂的总的项目计划向前推算来制定自己的项目计划。

计划书应具备以下两个要点：

①每个项目（Item）应该是该行动的交付物，而不是行动本身。项目的成功是由所有可交付的成果组成的，而不是行动，一定要看到结果才算完成。

②时间估算一定留有余量，一般是最乐观时间 ×1.5。

供应商项目计划表举例如表 6－4 所示。

表 6－4　供应商项目计划表举例

	××××																		××××																									
	9					10				11					12				1				2				3					4				5					6			
（周）	36	37	38	39	40	41	42	43	44	45	46	47	48	49	50	51	52	53	1	2	3	4	5	6	7	8	9	10	11	12	13	14	15	16	17	18	19	20	21	22	23	24	25	26
供应商任命	■																																											
项目启动会议		■																																										
子供应商选择		■	■	■	■	■																																						
主机厂图纸发布					■	■	■																																					
验证试验								■	■	■	■	■	■	■	■	■	■	■	■	■	■	■	■	■	■	■																		
子供应商产品审核									■	■	■	■	■																															
如果有需要，进口件起运								■	■	■	■	■	■	■	■	■																												
原材料批准									■	■	■	■	■	■	■	■																												
工装设计								■	■	■	■	■	■	■	■																													
工装运输											■	■	■	■	■																													
第一次，第二次手工试样																■	■																											
手工样件完成																■	■	■	■	■																								
内部过程审核																												■																
正式过程审核																																	■											
批产																																	■	■										

2. 工装计划

根据项目计划，推算出工装到位的计划，并随时跟踪。工装计划的内容如下：

①完成具体任务的工装时间表。

②每月发送工装的进展报告。

③确保工装验收的时候所有的工装已经到位。

工装进度跟踪计划表如表 6－5 所示。

表 6－5　工装进度跟踪表举例

		5%	10%	15%	20%	25%	30%	40%	50%	60%	70%	80%	90%	100%	
10		计划													
		实际													
20		计划													
		实际													
30		计划													
		实际													
40		计划													
		实际													
50		计划													
		实际													
60		计划													
		实际													

3. 供应商的自我评价

供应商对自己在供应商管理、设备能力、生产能力、项目管理、工业化、质量要求等方面的自我评价，并且用红、黄、绿来表明状态。

供应商自我评价表如表 6－6 所示。

表 6－6　供应商自我评价表举例

参数	具体/计划的行动/目标日期	状态	评价
供应商			
设备			

续表

参数	具体/计划的行动/目标日期	状态	评价
工装			
生产能力			
项目管理			
工业化			
质量要求			
验证试验			
零件历史			

4. 零件示意图

零件示意图的说明包括零件号、零件名称、三维图形。

（四）输出：会议的成果

1. 会议纪要

会议纪要是对主要的问题列出清单，包括负责人和需要完成的时间。会议纪要就是把远大目标变成一个个当下的行动。一份好的会议纪要连起来，就形成了项目的生命线。

会议纪要的作用：

①**预防来回扯皮**。下次会议的时候只要拿出前次会议的会议纪要，一项项跟踪，再加入新的内容（因为以前的内容是清清楚楚地记录在那里），就不容易有扯皮的事情发生，既提高了效率又节省了时间。

②**分清职责**。因为每个问题的责任人都很清楚自己的职责，有利于任务的顺利完成。

会议纪要的小技巧，可以用不同颜色来区分不同状态的事务。例如：

第一，红色块为期待解决的问题。

第二，蓝色块为正在进行的问题。

第三，浅红色块为后续工作。

第四，绿色块为已经解决的问题。

下面是我们当时的会议纪要，如表 6 –7 所示。

表 6 –7　会议纪要举例

序号	工作内容	负责人	截止日期	状态
1	时间计划不完善，有些内容（图纸设计和发布，验证试验）	×××	××××	
2	工程搬迁计划	×××	××××	
3	图纸设计	×××	××××	
4	验证试验计划	×××	××××	
5	质量要求	×××	××××	
6	项目会议	×××	××××	

2. 总结供应商的主要问题

从会议纪要我们就可以看出这个供应商的一些主要问题。

例如：

（1）搬家的问题

由于在批量生产之前，供应商会搬到新的地方，为了不影响主机厂在供应商搬家前后几个月的生产，供应商必须有一个搬家计划。具体内容如下：

①提前根据订单安排搬家前后的生产计划。

②新厂房的车间布置是否合理。

③安排新车间的 PPAP 的认证。

（2）工装的生产是否能够及时完成

因为这个产品需要很多套工装，定点的时间比较晚，是在 9 月份，而下一年的 3 月份必须完成 PPAP，因此工装的按时完成就是这个项目的难点。

（3）新供应商管理还比较差的问题

由于这是个新的供应商，质量管理比较差，因此怎样在半年的时间内帮助供应商提升整体实力，也是这个项目的一个难点。

同时，SQE 需要与供应商确认开发计划（APQP），并切实推进开发工作的顺利完成，SQE 也承担了项目管理的职责。

3. 沟通交流达成协议

SQE 与供应商通过沟通交流达成以下协议：

①SQE 作为主机厂的项目协调人。

②供应商项目经理作为供方的总协调人。

③定期召开项目会议，一般一周一次，可以在工厂举行，也可以召开电话会议。

④由 SQE 将各方情况汇总后向上一级领导汇报。

参考文献：

1. 李治．不懂项目管理，还敢拼职场［M］．长沙：湖南文艺出版社，2012

七、质量计划要求

质量计划一般是主机厂对供应商在质量方面的总的要求，根据 APQP 的要求，一般可以包括项目管理、可行性分析、FMEA、过程能力、初始样件检测报告、可靠性、追朔性、质量目标、供应商管理等方面的要求，其中有定性的要求，也有定量的要求。如果是可以定量的，一般会要求给出明确的数量，质量计划一般是要求简单和明白。（主机厂可以根据产品的不同特性增加或者减少一些项目。）

供应商的质量计划的一般内容如下：

（一）项目管理

一般是规定该项目的项目管理的基本约定，以便在项目过程中执行。例如：

应主机厂的要求，在项目的开发阶段，主机厂和供应商相关人员定期举行项目会议。SOP 开始前 × × 个月必须提交所有零件的质量计划。

按照报告程序的约定，供应商必须向主机厂定期汇报质量管理主题。至少应报告以下主题：

①次级供应商管理。

②生产过程可靠性指标（供应商 + 次级供应商）。

③产品/过程审核结果。

④软件情况。

供应商必须具有最先进的质量管理体系（例如：IATF 16949）。

（二）可行性分析

可行性分析是通过对项目的主要内容和配套条件，从技术和工艺方面举行调查研究和分析比较，从而得出该项目是否值得投资和如何进行建设的咨询意见。

供应部件范围的可行性研究结果要求在报价之日提供，最迟为SOP之前的××个月。必须识别由于操作不当或不正确（误用安全/防错）而产生的风险，并且通过产品设计措施和优化组织与技术方面的流程来避免。

（三）失效模式及后果分析（FMEA）

如果有设计，在设计阶段必须提交DFMEA。

SOP之前的××个月必须提供过程失效模式（PFMEA）。PFMEA必须按照VDA6.3来执行，需要持续更新（有的公司为了保密，可以只提交重要的问题）。

第一次FMEA完成后，重要的问题必须在规定的时间内报告给质量管理部门，包括详细措施（偏差必须由供应商和主机厂的质量管理部门以书面形式达成一致），解决方案必须经主机厂相关部门（FMEA、开发部门、质量部门）协调后实施。

1. FMEA的历史

①20世纪40年代，FMEA被正式引入美国军用标准1629。

②20世纪60年代，美国的航天工业鼓励在产品开发上采用FMEA的概念，并在“阿波罗登月”计划上取得成功。

③20世纪70年代后期，美国汽车工业引用FMEA作为设计评审的一种工具。

④1993年，美国三大汽车公司编写了FMEA参考手册，2001年7月编写第三版。

⑤1994年，美国汽车工程学会（SAE）发布了SAE J-1739潜在失效模式及后果分析标准（FMEA）。

2. 什么是 PFMEA

PFMEA 的概念如图 7－1 所示。

Process Failure Mode & Effects Analysis

What is PFMEA? 什么是PFMEA?

PFMEA stands for: Process Failure Mode and Effect Analysis.

PFMEA－过程失效模式及后果分析

An Process FMEA is an analytical technique used by a Manufacturing/ Assembly-responsible Engineer/Team as a means to ensure that, to the extent possible, potential failure modes and their associated causes / mechanisms have been considered and addressed. In its most rigorous form, an FMEA is a summary of the team's thoughts (including an analysis of items that could go wrong based on experience) as a process is developed. This systematic approach parallels and formalizes the mental discipline that an engineer normally goes through in any manufacturing planning process.

过程FMEA主要是由负责制造的工程师/小组采用的一种分析技术，用来保证在可能的范围内已充分考虑到并指明潜在失效模式及与其相关的起因/机理。一个FEMA以其最严密的形式总结了小组进行过程时的设计思想（包括根据经验和过去的错误，对一些可能失效项目的分析）。这种系统化的方法体现了工程师在任何制造策划过程中的思维过程，并使之规范化。

图 7－1　PFMEA 的概念

3. 如何做 PFMEA

PFMEA 的操作步骤及功能要求如图 7－2 所示。

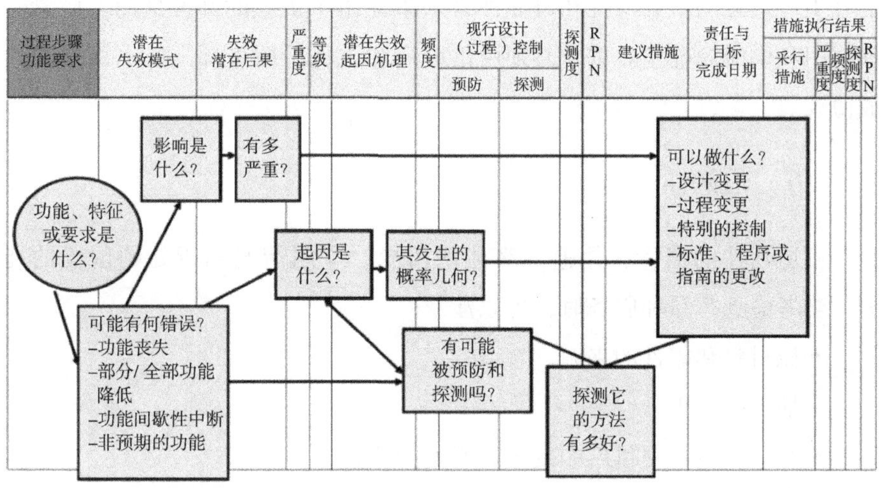

图 7－2　PFMEA 的操作步骤及功能要求

（四）过程能力

在提交报价后供应商应该向主机厂的质量管理部门提交制造概念。

在工厂安装阶段（SOP 的 × 个月之前，根据项目要求而定），交付范围必须与短期工艺能力 CMK≥1.67 相对应（最少 50 个零件）。

必须确保生产的零件能够在相应的制造阶段进行装配。通常在 SOP 前的 3 个月，包括产能论证在内的过程审核必须成功完成（PPK≥1.67）。

制造的产品数量、更改状态、供应日期和其他参数必须在分开的协议中规定下来。

结果必须在最终测试后 5 个工作日内提交，未解决的问题必须在规定的时间内解决。如果出现严重偏差，则必须通过重复的性能测试证明商定措施的有效性。

通常，对于交付部件的特殊特性，必须在 SOP 后的前 3 个月内证明 CPK≥1.33（随机样品中至少 125 个部件）的长期过程能力，必须通过适当的方法在整个生命周期内保持这一级别的过程能力。

生产过程的重要特性和可靠性必须事先由主机厂的开发部门、质量管理部门和供应商确定。偏差必须由供应商和主机厂质量部门以书面形式达成协议。

（五）追溯性

可追朔性的概念，是追溯客体的历史、应用情况和所处的位置的能力。当考虑到产品和服务时，可以涉及：

- 原材料和零件的来源。
- 加工的历史。
- 产品或服务交付后的发布和所处的位置。

零部件和材料的制造过程链（包括子供应商）供应范围的可追溯性概念必须与主机厂的质量管理工程师达成一致，并由供应商实施。某公司的追溯性规则如下：

追溯性规则

1. 产品追溯流程

机器号码→生产日期、订单号→订单号追查物料出仓记录→追查产品来料供应商、供货信息及质量状况。

2. 货仓中的产品标记和识别

（1）原材料、来料编号、名称、日期、供应商名称、数量、有效期。

（2）半成品标识内容：①半成品的编号/名称；②订单号；③下一步要加工的工序。

（3）成品标识内容：①成品编号/名称；②订单号。

（4）不合格品：存放在不合格品区。标识内容：①产品名称；②不合格状态；③发现处、日期。

（5）顾客提供的物料。

3. 生产现场中的产品标识与识别

（1）原材料。

（2）外协分包商提供的零部件。

（3）加工后的零件/半成品及标识：①零件名称；②加工完成的工序号；③下一道工序号/名称。

（4）部件及标识：①部件编号/名称；②生产日期标识。

（5）成品及标识：①成品编号；②订单编号标识。

（6）不合格品：隔离存放在不合格品区。标识内容：①产品编号；②订单号；③不合格状态；④发现处或造成处。

4. 追溯系统

（1）每日收货记录表，物料进销存记录表。

（2）产品追溯记录表。

（六）可靠性

可靠性目标是在顾客需要和期望项目目标及可靠性基准的基础上制定的，必须指出和评估生产工艺对材料性能的影响，以确保长期质量。

SOP 之前的 12 个月供应范围所有零件的重要特性必须被定义并进行统

计监测，还需要确定可靠性指标，同时考虑到与整车其他部件的相互作用。

生产制造过程的可靠性显示必须和子供应商确认，得到主机厂质量部门的同意、监控，并定期地汇报给主机厂的质量部门（汇报的频率也由主机厂的质量部门来定义）。

（七）初始样件检测报告（生产过程和产品批准）

除非有其他协议，生产过程和产品的批准必须按照 VDA6. 3 来执行。

（八）产品和过程审核

所确定的零件范围的产品审核必须定期执行，频率也和主机厂的质量部门一起确定。必须在 × 天内提交书面审核报告，任何偏差必须尽快报告。

过程审核一般按照 VDA 6. 3 级的要求与主机厂的质量管理部门达成一致。审核报告必须在 × 天内以书面形式提交（审核报告提交频率应与主机厂的质量管理工程师商定），任何偏差必须立即报告。

（九）质量目标

质量目标一般包括：基于持续改进的目标、缺陷水平 PPM（Parts per million）和废品降低率。例如：

①供应商质量目标：零缺陷。具体内容如下：

第一，SOP 后 0 ~ 6 个月，达成 × × × PPM。

第二，SOP 后 7 ~ 12 个月，达成 × × × PPM。

第三，SOP 后 12 个月，所有行动的限制必须在主机厂的专家、采购部门和供应商之间形成协议。

②现场质量目标：零缺陷。

（十）返工

失效分析和纠正措施根据公司相关程序文件来执行。

供应商应详细说明测试概念和返工概念，并考虑到整个车辆中受影响部件所需的长期质量。这些概念必须与主机厂的质量部门协调一致，如有必要，还必须与主机厂的开发部门协调一致。

必须考虑以下返工内容：测试计划的组成，物流的特殊过程和范围的定义。

（十一）问题的管理

在解决问题的框架内，必须提供纠正措施长期效果的证明，并与主机厂质量管理部门协调（如耐力跑、交变气候试验、极限载荷等）。

由于影响供货范围，供应商应积极参与缺陷纠正过程（包括整车），并应提供所需的能力。

供应商必须确保对供应范围内的所有部件的供应质量的分析符合程序要求。

如有必要，必须在系统交互中对所有组件进行分析。

（十二）生产

确保批量生产的措施的计划（比如样件试制、100% 尺寸检测、功能测试、资格认证、产量等）必须在 SOP 之前的 × × 个月被确认下来。

（十三）供应商管理

供应商必须确保子供应商的零件也满足质量要求和主机厂保持一致。

满足这些要求并不免除（主要）供应商对整个供应范围的质量（包括次级供应商的零件质量）的责任。

八、每月的总结会议

（一）总结会议

为了整个汽车开发项目的顺利进行，必须对问题进行不断地监控。每月的总结会议其实就是质量部门的领导层监控项目进展，并就显著的问题进行分析，找出解决问题的办法，并监控实施效果的会议。

一般的汽车零件采购部门会分为底盘、外饰件和内饰件三个组，每个组负责该组零件的采购。

我们质量部门那个时候分为两个大组，即内外饰组和底盘组，每个组有十多个人，每个人负责 5 ~6 个供应商。

底盘件：发动机（Engine）、空调（Air Conditioning）等。

内饰件：支柱管（Strut Tube）、门装饰板（Door Trim Panel）、压缩机（Compressor）、仪表板（Assy Instrument Panel）、脚踏（Foot Rest）、小冰箱（Cooling Box），等等。

外饰件：前大灯（Headlamp）、前保险杠（Front Bumper）、前玻璃（Front Window）、后大灯（Rear Lamp）、门（Door）……

一般过堂大会选择在每周的周末召开，因为周末公司比较安静，更有利于讨论问题。

地点：公司会议室。

人物：质量部门经理、外饰组经理、内饰组经理、底盘组经理。

过堂大会的行程安排如表 8 -1 所示。

表 8 -1　过堂大会的行程安排

行程表（供应商状态）			
供应商	零件	责任人	时间
A	喇叭		8：30 -8：45

续表

行程表（供应商状态）			
供应商	零件	责任人	时间
B	地板		8：45－9：00
C	仪表盘		9：00－9：30
D	线束		9：30－10：00
E	安全带		10：00－10：30

为了解再开发阶段供应商的状态，对于每个供应商，我们一般都必须准备一个状态报告（Status Report），对供应商的状态有一个基本的汇报。

1. 项目管理

关于供应商项目管理的状态举例如表 8－2 所示。

表 8－2　供应商项目管理状态

采购	质量	物流
合同	供应商资格	供应商概念
订单状态	生产过程开发	生产运输
项目过程，发布状态	质量要求	零件可获得
供应商能力	软硬件	物流
零件可获得	信息系统	信息系统

2. 质量状态

关于供应商质量状态如图 8－1 所示。

供应商质量状态：

项目里程碑

工装验收开始

所有的工装到位，并且验收结束

小批量试生产

小批量生产到货

内部过程审核

正式过程审核

图 8－1　供应商质量状态

3. 特别重要的问题单独准备说明文件

对于重要的、困难的问题，必须给出说明情况的小结。

特别重要问题的说明文件如图 8－2 所示。

问题描述：	原因：
照片	解决方案：

图 8－2　特别重要问题的说明文件

一般这样的会议会在周末由项目小组和经理来举行，但是 SQE 必须在必要的时候回答问题。

如果经理认为是比较紧急或者严重的问题，他会就这些问题把供应商一起召唤来开一次会议，讨论出来一个解决问题的方案。比较严重的问题，比如供应商搬家、供应商断供，反正可能影响到线上断供的事情，供应商必须亲自到北京总部来说明情况。如果供应商自己也不能解决这个问题，就必须反馈给供应商的上一级领导。虽然这是常有的事情，但供应商也是战战兢兢的，害怕失去供货资格。

（二）如何做？使用 PDCA 的方法

PDCA 循环又称戴明环，由美国著名质量管理专家戴明博士提出，是在国内得到广泛应用的一种管理工作方法。PDCA 循环既适用于解决企业整体的问题，又适用于解决企业各部门的问题，同时也适用于解决班组或个人的问题。

PDCA 循环如图 8－3 所示。

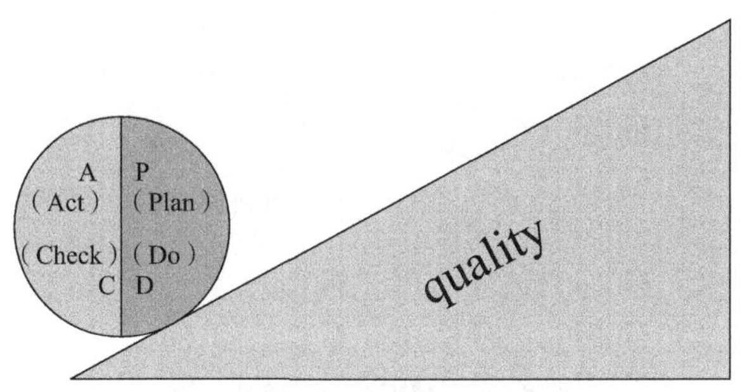

图 8 －3　PDCA 循环

1. PDCA 循环的特点

PDCA 循环的四个阶段并不是孤立运行的，而是相互联系的。PDCA 循环具有以下特点：

①大环套小环，小环保大环，互相促进。PDCA 循环大环套小环如图 8 －4所示。

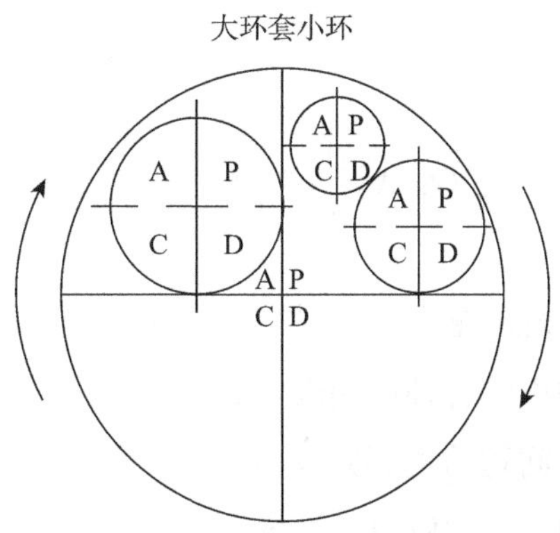

图 8 －4　PDCA 循环大环套小环

②PDCA 循环每转动一周就上升一个台阶，犹如在爬“楼梯”。每经过一次循环，一些问题就会得到解决，质量水平就会上升到一个新的高度，就有了新的更高的目标，在新的基础上继续 PDCA 循环。

PDCA 循环转动一周如图 8 －5 所示。

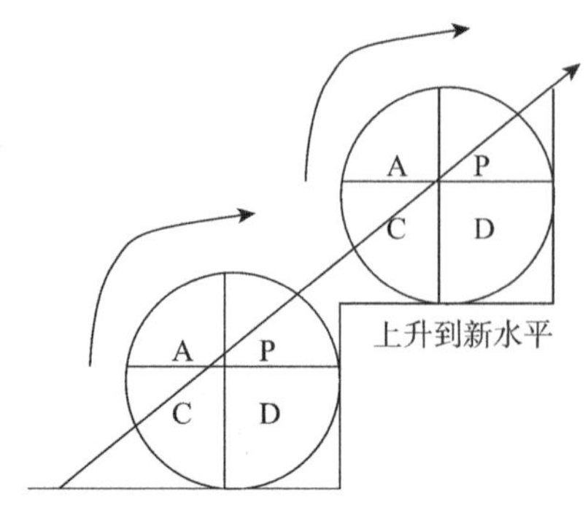

图 8－5　PDCA 循环转动一周

③在 PDCA 的每一个阶段中又包含着一个 PDCA 的过程。

④PDC 循环的转动不是哪一个人的力量，而是集体的力量，是整个企业全员推动的结果。

2. PDCA 的八步骤、七工具

PDCA 循环应用了科学的统计观念和处理方法。作为推动工作、发现问题和解决问题的有效工具，典型的模式被称为“四个阶段”“八个步骤”和“七种工具”。

(1) 四个阶段

四个阶段就是 P、D、C、A。

(2) 八个步骤

①分析现状，发现问题。

②分析质量问题中的各种影响因素。

③分析影响质量问题的主要原因。

④针对主要原因，采取解决的措施。

⑤执行，即按措施计划的要求去做。

⑥检查，即把执行结果与要求达到的目标进行对比。

⑦标准化，即把成功的经验总结出来，制定相应的标准。

⑧把没有解决或新出现的问题转入下一个 PDCA 循环中去解决。

(3) 七种工具

七种工具是指在质量管理中广泛应用的直方图、控制图、因果图、排列图、作关图、分层法和统计分析表。不同的步骤可以使用不同的工具来解决问题。

（三）SQE 怎样执行 PDCA

PDCA 已经成为 SQE 解决质量问题的一个基本思路，其实就是发现问题并持续改进。持续改进已经成为各行各业提高自己核心竞争力的一个重要方法，不断采用 PDCA 循环，不停地改进，不停地总结，这样才能不断地提高和前进。

九、由一次工装检查之旅所想到的

（一）工装之旅

所谓工装，就是生产零件所需要的辅助装置，不同的零件需要不同的工装。当开始一个新项目的时候，供应商首先要提交的是没有使用工装的手工样件，等工装做成以后再提交用工装做成的样件。在前期供应商需要花钱和时间在工装上，工装的成败决定了一个项目的成败，而且一般欧洲的主机厂是会为新的工装出钱的。也就是说，新的工装的所有权是归主机厂的，所以一般欧洲的主机厂就比较重视对工装的制造进度。一般的主机厂还专门设有工具工程师（Tooling Engineer）这个职位来管理供应商的工装问题，并随时到现场去检查工装的实际情况，这样能随时掌控工装的问题，以便为项目的成功保驾护航。

虽然这个供应商所生产的产品只是几个零件，由于外形不一样，需要几十种工装和检验的夹具，所以需要几个月才能完成加工，也是非常消耗时间的事情。因为时间紧、任务急，又是新的供应商，所以工装的问题特别受主机厂的关注。

在多次的小组会议以后，供应商终于通知我们，工装已经基本搞定，所以我们决定去现场考察一番。

那时已经到了12月份，供应商地处东北，一般的室外温度已经达到了零下10度，而且已经下雪了，从飞机上下来看到的是白茫茫的一片——北国风光，万里雪飘。（说到这个话题，气候对工业生产的影响还是很大的，东北不少地区基本上半年以上都是零下的寒冷天气，而且劳动条件不太好，车间里一般也没有暖气，人的活动意愿和活动的范围真的是很小的。）

来到位于郊区的供应商的工厂，首先和项目小组进行小组会议，主要是讲述和汇报各自项目的进展情况、所存在的问题，以及解决方案，然后就谈到了这次访问的正题——工装的进展情况。由于工装现在还在加工工厂里，所以供应商特地给我们派了一辆车，我们就去了工装加工的现场。

由于东北是老工业基地，那些工装制造商主要是一些小微企业，有位于开发区的比较大的工厂，也有靠近农村的乡镇企业。这些企业一般规模不大，设备也都是旧的，图纸也基本是人工绘制的，不过还是有一些专业能力比较强的老专家在现场把关，所以工装的加工还是可以保证的。我们去过田头，走过乡间，走访不同的工厂，就是希望能看到那些工装的生产状态。这些工厂普遍质量意识不强，生产环境不好，都是在赶任务的情况下做出来的，总的质量水平一般。

与我一起去考察的还有一位从欧洲来的同事，公司普遍比较关注现场第一手的资料，而不只是听别人的汇报，总是希望能够到现场去看实实在在的东西，去现场发现问题，找到解决问题的办法。

欧洲人的这种理念和日本人基本上是一致的。日本的工程师基本上是不会坐在办公室里只管画图纸的，必须到现场去进行实际的操作，他们认为只有在现场才能知道真实的情况。当然，这也跟西方教育鼓励亲自动手有关。而东方的教育却是偏书本教育，不管中学教育还是大学教育，理论是好的，但是一旦动手就难了，所以这可能也是以后需要改进的地方。

由于我们去了现场、去了仓库，并且拍下了工装的真实照片，并且把照片放进了报告中，100 件工装中，56 件完成，44 件进行中，预计 1 月内完成，这样才能让项目更有说服力，也是对将来的一种保证。现场的作用真的很重要。

1. 形成会议纪要

虽然只是一次小小的出差，但是让我明白了很多道理，也明白了德国的工业为什么能够如此成功，从小处见到大的地方，也许这就是工业文明的力量。

我们也应该学习这种实事求是的做事原则，少些投机取巧，这样才能把我们的事情做得更好。

最后的会议纪要，即出差报告如下：

出差报告

××××××项目（供应商×××××）

参加者：Mr. ××××（主机厂采购人员）

Ms. ××××（主机厂物流人员）

Mr. ××××（主机厂质量人员）

Mr. ××××（供应商工程部经理）

Mr. ××××（供应商销售部经理）

Ms. ××××（供应商质量经理）

Mr. ××××（供应商总经理）

- 厂址变更：供应商的欧洲董事会将于××××年××月对此做出最终决定。到目前为止，还没有正式的计划。在××××年××月批产之前，生产地点不太可能有任何变化。
- 过程审核：过程审核可以在现在的生产地点及时完成（在××－××之前），同时在那里开始批量生产。我们和供应商沟通了关于过程审核的时间表。
- 人员：来自欧洲的××××先生将于××月××日抵达供应商处来支持我们的项目。
- 工具计划：在下一个小组会议上（××－××）供应商必须提供工具计划，以及一个具有开始、整理和控制步骤的确切时间表。我们正在讨论××种不同的工具，20个将在××月月底完成，其余将在××月月底完成。
- 量具计划：在××－××下一个项目小组的会议上，供应商必须提供预先或半成品量具的计划（我们说的是20种不同的量具）。
- 采购计划：采购原材料的计划必须在××－××的下一次项目小组的会议上被提交。

• 项目计划：总项目计划必须在××-××的下一次项目小组的会议中被引入（准确的计划，他们将如何准备在明年×月××日交货。）

这次出差以后，我的供应商状态报告如下，也是有关下一步的计划。这部分内容是：

Quality Milestones（质量里程碑）

××-×× 所有工装到位

××-×× 小批量（试生产）生产

××-×× 小批量（试生产）的产品到达主机厂

××-×× Internal Process Audit（内部过程审核）

××-×× Official Process Audit（正式过程审核）

××-×× ISIR［初始样件检测报告（PPAP）］

××-×× Production of safety stock for SOP（SOP安全库存的生产）

××-×× SOP（批量生产）

Top 12（y）

×××××××has access to B2B portal. ×××××Germany has to support and train in using B2B. 必须加入网上供应商平台。

2. 记录工装的状态

工装的状态如图9-1所示。

图9-1 工装的状态

工装制造时间表如表9－1所示。

表9－1 某公司工装制造时间表

序号	Name（名称）	Time（时间）
1	××工装	6～8个星期（weeks）
2	××工装	4～6个星期（weeks）
3	××工装	4～6个星期（weeks）
4	××工装	4～6个星期（weeks）
5	××工装	4～6个星期（weeks）
6	夹具	5～9个星期（weeks）
7	其他工装	2～9个星期（weeks）

工装状态表如表9－2所示。

表9－2 某公司工装状态表

		5%	10%	15%	20%	25%	30%	40%	50%	60%	70%	80%	90%	100%	
10		计划													
		实际													
20		计划													
		实际													
30		计划													
		实际													
40		计划													
		实际													
50		计划													
		实际													
60		计划													
		实际													

所以，到了12月30日一切就绪，工装也完成检验。工装和模具验收表如表9－3所示。

表 9－3　工装和模具验收表举例

工装夹具验收标准	
验收标准：	
零件版本号是否正确？	
零件标准是否符合？	
工装是否符合主机厂标准？	
设备是否得到批准？	
安全库存生产是否完成？	
特别备用零件清单是否存在？	
明显的设计修改是否存在？	
物流：	
工装可以运输？	
期望的工装运输日期？	
期望的到达生产地点的日期？	
新的验收日期？	

（二）一般的量具要求

①**偏差：**除非 SQE 批准此项偏差，否则供应商应根据零件的装车位置来制造量具。

②**设计：**在量具制造开始之前所有量具设计应该得到SQE或合适的顾客量具认可小组的认可。量具设计应该包括：认可的GD&T基准方案和量具必须具备的评价零件尺寸的能力。针对主机厂或排序供应商/分总成供应商需要安装一些对最终整车匹配规范有影响的分/总成的开口配合处，供应商应设计制造手持式量具。

③**检测：**

- 为了确保产品在实际的车辆状态下符合设计要求，应该使用适当的功能检测和最终检测。
- 供应商应该具备检测整个总成的能力，分供方也应该具备检测分零件的能力，任何检具应该能够检测与其他零件相匹配的尺寸。
- 检测设备：供应商应该至少使用三坐标测量机（CMM）测量支架，检测样件工装和生产工装制造的首件。

④**时间节点：**供应商应该确保及时完成量具来满足项目的主节点要求，由主机厂的量具工程师进行量具概念认可、设计认可和制造认可。

十、启动能力评估（试生产）

（一）启动能力评估的标准

目的：

在过程开发和优化阶段完成以后，我们评估启动能力。这里将测试供应商是否可以从量产开始按时提供足够数量和高质量的零件结果发给采购部门和项目小组，并记录到计算机系统里。

启动能力是一个临时的批准，涵盖从首次交付到正式的初始样件检查（生产和过程批准）之间的时间段。这也是基于对与供应商满足生产时间表的能力有关的潜在风险的评估。

作为一个规定，启动能力评估是针对所有的零件。启动能力评估不能代替初始样件检验。

标准：

启动能力评估在 SOP 之前 × 个月左右进行。为了满足启动能力的要求，下面的要求必须被满足：

①零件是用批产的工装制作的。

②短期过程能力是通过产品来统计证明的（CMK≥1.67）。

③所有要求的标准（图纸、质量规则、技术数据包等）都必须注明有生产批准。

④影响安全、功能和安装位置的特性必须是已知的（实现与开发部门的协调）。

⑤零件满足安全、功能和安装的要求。如果有偏差，必须商定和安排纠正措施，必须保证在量产之前实施所有的纠正措施。

⑥发货的条款必须与供应商达成一致。

⑦检测报告、产品的有效寿命和量产的包装必须是完整的。

当以上所有的要求都满足了，确认启动的可行性，供应商可以开始准备 PPAP 和过程审核。

（二）启动能力（试生产）评估需要关注的问题

启动能力评估也就是要工装加工的小批量交货，这个过程其实就是检测是否一切就绪，可以进行生产了。

我们一般会去车间观看整个生产过程，为后面的过程审核做准备。我们一般会关注以下问题：

1. 质量要求（Quality Requirement）

例如：

①供应商是否确认了质量要求？

②质量目标是否被确认？

2. 更改管理（Change Management）

例如：

①供应商是否更新了项目计划？

②更新管理文件（工艺设计更改、工艺更改、工装更改……）。

③在供应商和主机厂之间是否定义了更改管理的程序？

3. 环境管理（Environment Management）

例如：

①供应商是否根据环境影响调查了生产过程、垃圾处理过程和产品？

②供应商是否确定了提高环境保护的目标？

③所有员工是否根据环境保护要求进行信息培训？

4. 设备、工具、工装

例如：

①所有的试生产零件都是用量产的工具、夹具和设备来加工的？

②工装已经验证完了？如果没有，需要有一个工装完工的行动计划。

③有没有一个基于可以随时被监视的新的设备和工装的进展的时间计划？

④PFMEA 有没有完成？

- 是否有预防维修的计划？它是否包括所有的生产设备？

●生产线的最终平面图（车间平面图）是否确定了？

●是否定义了内部的工装发布程序？有没有考虑整个项目计划的发布程序？

5. 设计 DFMEA（只是对承担产品设计的公司）

例如：

①DFMEA 有没有完成？

②在 DFMEA 中特殊特性是否被定义？

③用于提高 RPN 水平的修正行动是否被定义？

④帕累托（Pareto）评估图是否存在？是否已经送给客户？包括所有对于 RPN 高于目标值的行动？

⑤DFMEA 的修改状态和版本水平是否最新的？

6. 图纸和标准（Drawings and Specifications）

例如：

①所有的最终图纸是存在的和被发布的？

②所有必需的客户的标准和基本的标准是存在的和被发布的（图纸、质量要求、集团的标准……）？

③所有的尺寸和公差可以被制造和监控，以便保证所要求的生产能力。

④测量的方法和技巧是否被确定了（包括返工件、地方保修中心）？

7. 子供应商管理（Sub－supplier Management）

例如：

①分包合同的证书和水平是否被记录、和主机厂是否沟通过？

②供应商的 PPAP 和 ISIR 是否存在？

3 是否定期地和子供应商一起审查项目的状态？

8. 物流概念（Logistic Concept）

例如：

①物流概念是否被建立（流程图）？

②是否按客户要求交付所需数量？

③流转箱的数量是否被确定？

④包装箱上的标签（或者其他记号）是否确定？

⑤概念是否包括包装箱的清洁？谁负责？谁付钱？

⑥有没有考虑为了紧急发货准备的备用零件？

⑦有没有考虑和包括返工件的产品特殊的可追溯性要求？

9. 包装要求（系列和备用件）［Packaging Specifications（Serial & Spare Parts）］

例如：

①包装标准是存在的和被发布的（包括标签、托盘、重量等），标识的标准必须得到主机厂的批准。

②运输试验也已经做过了。

③包装标准是否考虑到环境的条件和对主机厂产品的影响（例如潮湿度等）？

10. 安全量产概念［Safe Launch Concept（SLC）］

例如：

①安全量产概念被定义了吗（特性/期间/报告/检查数量/频率……）？

②是否定义了关键特性汇报的频率？

③是否针对安全量产概念的相关特性确定了具体的修正和遏制行动计划？

④从项目阶段到批量生产的转交程序是否被定义？

11. 测量系统分析/测量协议（Measurement System Analysis/Measuring Agreement）

例如：

①夹具和测量设备及监测系统是否被设计和介绍？

②在夹具和测量设备使用之前，统计研究（测量设备能力研究）是否被执行？MSA 的报告是否存在？

12. 批产小组的定义（Definition of Team for Series Production）

例如：

批产小组是否被定义？（物流、质量和生产）组织及责任表是否存在？

13. 质量报告的定义（Definition of Quality Reporting）

例如：

①质量报告的方式是否被定义（即返工件和缺陷件的分析与统计）?

②情况汇报的会议是否规律地举行?

14. 制造过程流程图（Manufacturing Process Flow Chart）

例如：

①一个过程流程卡是否被开发？这个过程流程卡展示了生产过程和材料流（包括从进料到运输过程的所有试验）的流动情况。

②过程流程图是否连接控制计划和 FMEA?

③过程流程里是否包括返工操作?

15. 过程失效模式和后果分析（Process FMEA）

例如：

①PFMEA 已经完成了吗?

②是否在 FMEA 中定义和记录了重要及关键的特性（SCs 和 CCs）?

③当风险顺序数（RPN）超过建立的目标的时候，一个行动是否被定义?

④Pareto 评估图是否存在并发给客户，包括当风险顺序数（RPN）高于限定值的所有的行动?

⑤图纸的版本号和 FMEA 的版本号是否是确定的?

⑥FMEA 的修改/版本号是否是最新的?

16. 操作指导书（Working Instructions）

例如：

①对于特定样品的操作指导书是否存在，包括规划返工的所有生产步骤?

②工作指导书是否包括所有的操作和检验步骤，以及对于返工连接的操作和检验步骤?

③所有相关的雇员是否被培训？培训是否被记录?

④员工的资质是否符合工作说明书的要求?

17. 试验计划和协议（Test Plan and Agreement）

例如：

①试验计划是否包括所有标准的要求？

②试验计划是否包括试验的频率？

③试验结果的文件是否被定义，该文件将被送到主机厂，是否定义了分布？

18. 过程能力研究（Process Capability Study）

例如：

①SPC（CMK，PPK，CPK）是否已经被定义？它们是否和现在的图纸相一致？

②这些结果是否符合客户要求？

③所有的工具和设备是否被批准？

19. 生产验证试验（Production Validation Testing）

例如：

①生产验证的所有项目是否满足？如果没有，行动计划是被要求的。

②批量检验和试验的设备是否被用于验证？

③所有生产验证样件的工程试验是否满足特殊的要求？

20. 控制计划（Control Plan）

例如：

①控制计划是否被建立（包括从进料检验到运输和再验证的所有测试）？

②控制计划是否包括一个描述所有更改的设置的修改清单？

③所有计划的返工操作是否包括在控制计划中，并且它能确保只有被批准的返工步骤才能被执行？

④控制计划是否经过客户审核？

⑤控制计划是否包括所有的特殊特性（SC 和 CC）？这些特殊特性是否被明确地显示在控制计划中？

⑥不符合件或者偏差和/或特殊的交流途径的过程是否被定义？

21. 个人培训（能力和培训）［Personal Training（Skill Matrix and Training）］

例如：

①对于所有职位的工作标准是否存在？

②对于所有雇员的培训计划（频率、项目）是否可行？

③培训评估结果是否被记录？

④维修的培训计划和新技术/设备/过程的设立（从母公司或者设备和工具的制造商）是否存在？

22. 产能计划（Capacity Plan）

例如：今后两年的产能计划是否存在？

23. 产品的追溯性（Product Traceability）

例如：

①追溯性的过程是否被定义（过程追溯性的流程图包括责任）？

②对每个件的追溯性是否存在（生产日期、材料批号、操作者、产品号码和更改水平）？

综上所述，初始能力评估需要关注的 23 个问题，具体如图 10－1 所示。

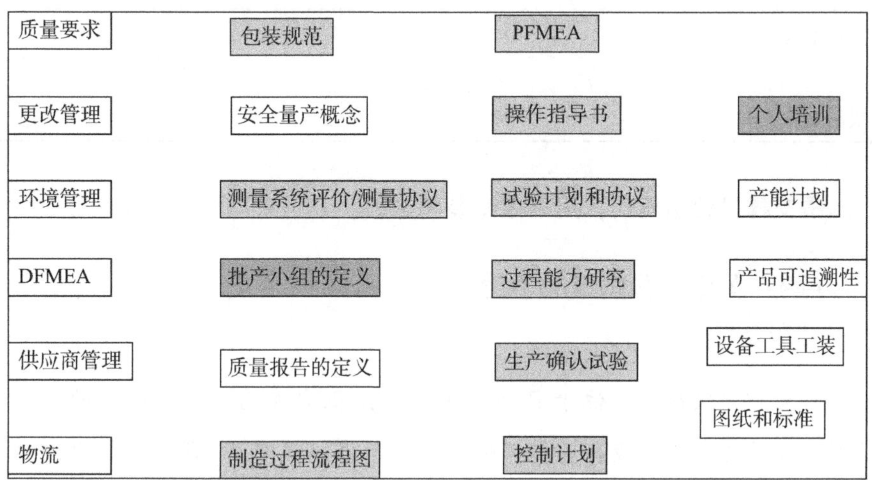

图 10－1　启动能力评估需关注的问题

（三）小批量试生产的输出

小批量试生产，一般由输出部分批准这个过程是否可以结束。小批量试生产过程的输出批准如表 10－1 所示。

表 10－1　小批量试生产过程的输出批准表

零件：				
所有的件都来自批量生产的工装？				
工装：				
工装在哪里？（工装供应商/批量生产地点）				
生产过程是批产工艺？				
所有的外购件是来自于供应商的批产工装？				
所有的外购件是来自于供应商的批产工艺？				
产品质量：				
零件质量信息（次品率）	生产	次品	返工	合格品
质量分析和改善计划（链接文件）				
测量报告或者 CPK 计算（链接文件）				
发货信息：				
发货时间和运输信息（包括工装，包装和发票的照片）				

提交样品给主机厂，用来做试装和试验。

（四）关于一张图纸的争论

作为重要供应商，位于 B 城的工厂也是很完美的，全部进口的设备，原材料也是进口的，设备的机械化程度也很高，工厂的 5S 也做得很到位，提交的产品的 PPAP 文件也很完美，真是一个少见的高质量外资供应商。但是值得关注的是，这家公司也是欧洲的一个家族企业，已是行业的龙头企业，是个隐形的冠军。所以，这个产品的设计和设备的设计都完全在欧洲。

在我审核图纸的时候，对其中一个力的曲线不是很明白，于是就问了对方的技术人员，他也不能说得很详细，也没有说出重点。所以，核心的设计一直不是工厂所能掌握的，往往需要依赖国外的支持，这大概是中国制造的痛点，也许现在的状况已经有所改变，要知其然还要知其所以然。

还有设备方面，设备的维护人员也都是在欧洲，产品的设计也在德方，即使遇到一个小的问题，也必须电话联系外方，解决起来也很麻烦。

这往往是很多外资企业的现状，设计保留在本国，生产和销售在国外。要变成真正的科技大国，还是需要在开发上保持领先的地位，才能长久不衰，有后劲。在这方面，德国和日本是我们学习的榜样。

十一、供应商要搬家了

过去十年，很多公司都想做大做强，于是搬家到新的厂房是常有的事情。

（一）对要搬家的供应商提出的要求

通常来说，供应商搬家无论是对主机厂还是供应商来说都是重要的事情，主要的问题是怎样安排好生产才能不影响主机厂的生产进度，特别是主机厂的 SOP 之前的过程审核和 PPAP 初始样件检查。因此，供应商应该提前做一个考虑到方方面面的规划，这样才能保证既完成搬家，又对主机厂的影响降到最小的程度。

对于搬家企业的总的要求是提交书面的建厂（扩建）、质量体系认证、通过评审（PPAP 前）的计划，包括但不限于下面的内容：

①人员招聘和培训。

②工厂选址和公司注册成立的最后期限（仅适用于新建厂供应商）。

③购买/获得土地和厂房完工的最后期限，以及厂房的建设容量。

④质量体系认证、通过评审（PPAP 前）的计划。

⑤海外母公司/总部对国内工厂的详细支持计划（包括人员和时间）。

（二）某供应商的搬迁计划

1. 计划的新厂房

①总面积（包括厂区空地）：××平方米。其中，生产车间××平方米，办公室区域××平方米。

②扩展：××平方米。

③门卫：××平方米。

④基础设施：标准的供水/供热/供电系统；齐全的通信和网络系统；全面的监控系统。

⑤化学品仓库：××平方米。

⑥油气仓库：××平方米。

新旧厂房对比见表 11－1 如示。

表 11－1　新旧厂房对比

	现有厂房	新厂房
地点	××××	××××
可用空间/平方米	××××	××××
扩展可能性/平方米		××××
基建	没有完成	已经完成
基建优化和投资	是	是
交通	方便	方便
年租金/万元		×××

2. 项目搬迁计划（Relocation timetable for ××× project）

（1）供应商内部的搬迁时间计划

供应商内部的搬迁时间计划如表 11－2 所示。

针对表格中一些比较主要的环节，举例如下：

A. 完成租赁合同

B. 签署新厂房的设计和建造合同

C. 开始基础建设

D. 工厂地板的建设

E. 安装灯具

F. 安装管道

G. 安装物流支架

H. 验收和检查厂房

I. 厂房建设

J. 安全库存

（2）面向主机厂制定的交付时间计划

供应商面向主机厂制定的交付时间计划如表 11－3 所示。

针对表格中一些比较主要的环节，具体的时间计划如下：

表 11－2　供应商内部的搬迁时间计划举例

KW	13	14	15	16	17	18	19	20	21	22	23	24	25	26	27	28	29	30	31	32	33	34	35	36	37	38	39	40	41	42	43	44	45	46	47	48	49	50
完成租赁合同																																						
签署新厂房的设计和建造合同																																						
开始基础建设																																						
工厂的水、电、气管的铺设																																						
安装灯具																																						
安装管道																																						
安装物流支架																																						
厂房建设																																						
安全库存准备																																						

表 11－3　供应商面向主机厂制定的交付时间计划

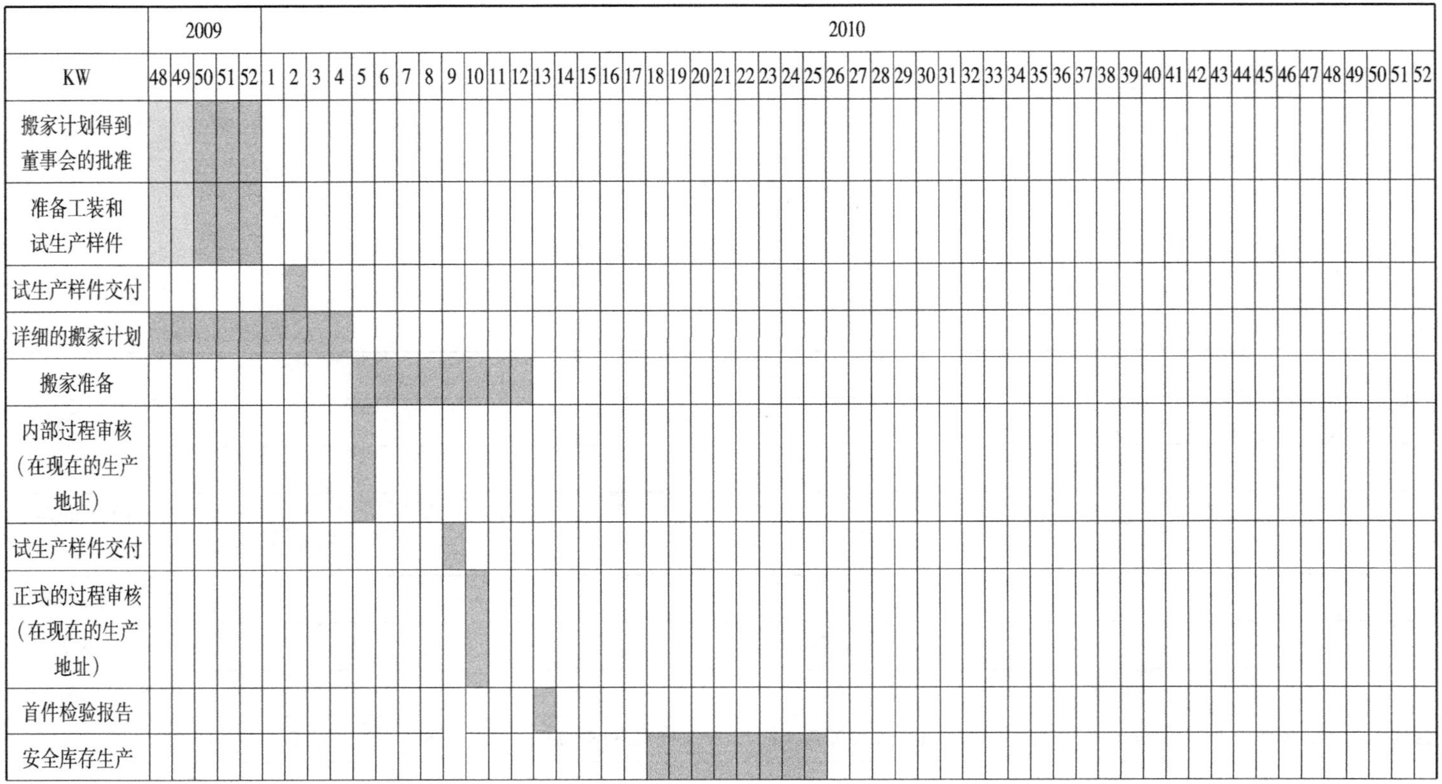

	2009					2010																																																			
KW	48	49	50	51	52	1	2	3	4	5	6	7	8	9	10	11	12	13	14	15	16	17	18	19	20	21	22	23	24	25	26	27	28	29	30	31	32	33	34	35	36	37	38	39	40	41	42	43	44	45	46	47	48	49	50	51	52
搬家计划得到董事会的批准																																																									
准备工装和试生产样件																																																									
试生产样件交付																																																									
详细的搬家计划																																																									
搬家准备																																																									
内部过程审核（在现在的生产地址）																																																									
试生产样件交付																																																									
正式的过程审核（在现在的生产地址）																																																									
首件检验报告																																																									
安全库存生产																																																									

续表

	2009					2010																																																			
KW	48	49	50	51	52	1	2	3	4	5	6	7	8	9	10	11	12	13	14	15	16	17	18	19	20	21	22	23	24	25	26	27	28	29	30	31	32	33	34	35	36	37	38	39	40	41	42	43	44	45	46	47	48	49	50	51	52
批产																																																									
搬家																																																									
设备安装																																																									
正式的过程审核（在新的生产地址）																																																									
爬坡生产																																																									
正式生产																																																									
正式供货																																																									

1. ××月××日搬家计划得到董事会的批准
2. 准备工装和试生产样件
3. ××月××日试生产样件交付
4. ××月××日详细的搬家计划
5. ××月××日搬家准备
6. ××月××日内部过程审核
7. ××月××日试生产样件交付
8. ××月××日正式的过程审核
9. ××月××日首件检验报告
10. ××月××日安全库存生产
11. ××月××日批产
12. ××月××日搬家
13. ××月××日设备安装
14. ××月××日在新工厂过程审核
15. ××月××日爬坡生产
16. 正式生产
17. ××月××日零件交付

（三）一个好的供应商搬迁计划必须注意的几点

1. 如何准备好安全库存以便不影响主机厂的生产

由于有的搬迁是在主机厂的批产以后，而且从搬迁准备开始，一直到新地址的PPAP结束的这段时间内，供应商是不能生产零件的，所以在旧厂房的正式的PPAP到搬迁准备开始之前，必须根据预测的订单，生产完一直到新地址的PPAP结束所需要提供的零件。由于某些零件的原材料必须从国外进口，周期比较长，所以一般要提前半年就开始向国外预订材料，然后在规定的时间内完成安全库存。

2. 如何准备一个合理的工厂布置图

首先，要考虑气候对产品运输的影响。例如：如果地处东北，冬季比较漫长，经常下雪，所以当零件需要在厂房之间运输的时候，为了避免雪或者雨滴落在产品上面，就必须考虑在厂房之间设计和建造一个带有雨棚的长廊，以避免这种问题的发生。

其次，有的产品的清洁要求比较高，所以在设计饭厅、食堂、厕所位置的时候，应该尽量避免有人流需要经过已经被清洁的零件区域，这样就减少了人为对产品清洁的影响。

这些虽然是小问题，但是如果在工厂布置的时候就考虑到将来对产品质量是否有影响，这样就可以降低质量问题发生的概率，从小处着手，做好细节的地方。

3. 新车间的 ISIR 和 PPAP

一旦完成搬迁，就必须按照规定的时间完成对新地址的产品的过程审核和 PPAP，因为安全库存只能维持到 PPAP 以后，必须及时开始正式生产否则主机厂的生产线就有断供的风险。

4. 如何监督工厂的建设进程

我们会把供应商的搬家计划放在会议纪要中，以便能够及时地监督这个任务的执行情况。

某供应商的搬家计划的跟踪举例（Follow Up）

- ××月××日，搬迁计划，本月底董事会会议后，供应商将提供详细的搬迁计划。
- ××月××日，工厂搬迁时间表完成。
- 供应商提供了简单的搬迁计划，但没有详细的规划。供应商将在××月××日提供更新搬迁计划。
- 供应商在 12 月月底之前提供了搬迁计划草案。
- 供应商应在××月××日之前向合资企业提供详细的搬迁计划。(将在现场检查)
- ××××年×月，供应商董事会将决定是否搬迁到另一地址。如搬迁时间和安全库存水平的细节，必须由各方在搬家前 3 个月讨论并达成一致。
- 供应商将在××××年×月月底之前提供详细的搬迁计划和生产安全库存的能力计划。供应商将在××××年×月以前在老地方生产批量零件。

十二、过程审核（SOP 之前 × 个月）

2019 年，中国女排在日本获得了世界杯的冠军。赛后，记者采访主教练郎平，有什么成功的经验和大家分享。郎平就说了八个字："但行好事，莫问前程。"她只是平时重视球员训练方方面面的细节，在细节上做到了极致，结果自然是好的。这种观念应用到生产制造中，就是关注过程，过程的细节做好了，产品的质量也就得到了保证，因此也就产生了**过程审核**。

所谓过程审核，是测试在批量生产的条件下，生产设备、工装和物流过程是怎样运行的。就是针对质量能力进行的评定，使过程能达到受控和能在各种干扰因素的影响下稳定受控。

（一）过程审核的目的

1. 过程审核目的

①使用评分及评级标准，评估产品实现过程风险。

风险存在于供应商的制造过程的方方面面，找出过程中存在的风险项，并且采取合适的措施来降低风险和消除风险。

②为绩效目标提供量化的指标。

③针对高风险项目加以管控。

根据风险的级别采用合适的措施，但是对于风险级别高的风险项，必须得到严格的管控，这样才能保证最后客户可以在规定的时间内得到保质保量的产品。

④提供技术/质量及效率。

2. 过程审核的作用

①采用评分及评级，监控目标实现。

②通过测量和比较发现改进潜力。

③实现持续改进，精益生产及零缺陷。

④提高绩效和减少浪费。

（二）过程审核的时机

对于有些供应商，过程审核可以只关注一些特殊的生产特性。总的来说，供应商都被要求执行过程审核，特别是以下情况必须执行过程审核：

①新产品开发。

②修改新的工艺过程。

③新的工厂、生产设备、工装、技术和材料的使用。

④新的生产地点、生产搬迁。

（三）过程的基本要素

过程的基本要素为：输入、输出、人、机、料、法、环境。

制造过程的因果分析图如图 12－1 所示。

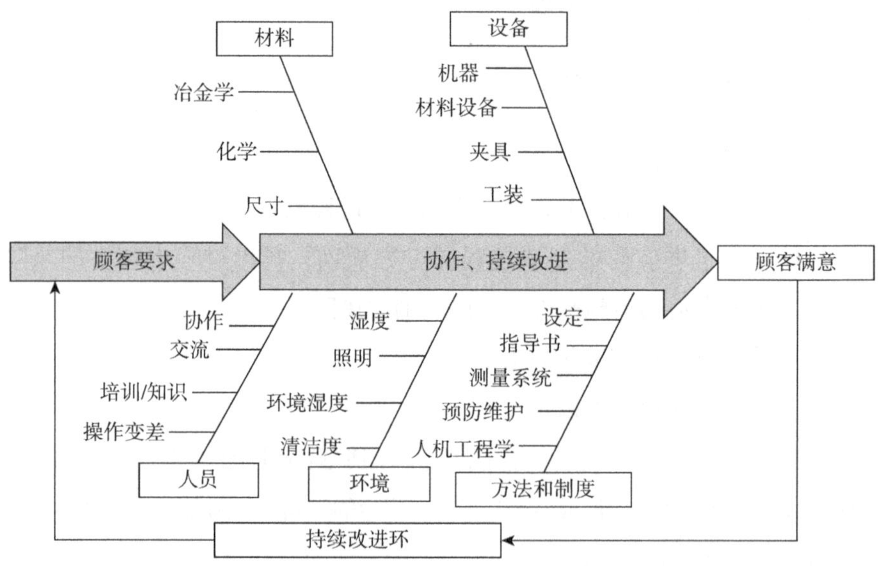

图 12－1　制造过程的因果分析图

（四）VDA6.3 过程审核检查表

VDA6.3 虽然有了新的版本，但是我还是比较喜欢旧的版本，觉得它和我们的工作更贴切一些。过程审核检查表如表 12－1 所示。

表12-1 过程审核检查表

P2	项目管理
P3	产品和过程开发的策划
P4	产品和过程开发的实现
P5	供应商管理
P6	过程分析和生产
P7	顾客关怀/顾客满意/服务

过程审核可能会出现以下三种结果：

①符合。

②绝大部分符合，那么就跟踪改进行动的结果。

③不符合，则会有第二次乃至第三次审核。

（五）审核前，供应商的准备工作

供应商负责计划和准备过程审核（包括生产的零件数量），过程审核必须包括所有商定的工艺特性并按照项目时间表来执行。

1. 了解客户和客户审核的目的，以及审核的标准与审核的范围

首先应该了解客户，客户在市场中的地位，客户的优势和劣势，客户业务在未来的发展趋势；客供关系分析，现有客户，即在客户供应商清单中的地位；近期的核心问题、客诉清单、未来继续合作的基础和方向；**客户的要求，每个客户的要求都是不一样的，所以必须“知己知彼，百战不殆”**。客户的审核团队，审核团队成员组成，即是否独立审核员、是否有其他职能部门成员；审核员信息，审核员角色、职能设定、资历、经验。

客户审核的目的是，对新供应商/潜在供应商的能力和风险进行评估，寻找符合需求的供应商；量化评价供应商的过程风险，推进持续改善，以提高技术、质量和效率。

审核的标准，一般德系的都使用VDA6.3。

VDA6.3 P1，潜在供应商评估。

VDA6.3 P2-P7，合格供应商导入过程审核。

如果客户是某知名主机厂公司，一般该公司的SQE会经常做客户访问，会在供应商选择阶段和PPAP阶段对供应商进行审核，而且一般与供应商都是长期的合作关系，也比较注重过程审核。虽然前期比较漫长，后期的回报还是不错的，所以一般公司都愿意和这样的公司合作，哪怕一开始是赔本赚吆喝。

2. 明确审核计划

一个完整的审核计划，必须包括明确的审核时间、待审项目、参加人员、审核路线、生产安排等。一般审核计划是由**供应商和客户**共同完成的。

在过程审核前的几个月，供应商就开始和客户沟通以确定待审项目、过程，以及审核时间；对内做好团队时间安排，和生产人员确认以确保客户审核当日的生产安排待审项目，提前和采购人员确认物料、设备、物资状况；制定审核路线，划分清楚待审模块和区域，明确审核区域的出入路线等；如果涉及安全和保密之处，供应商必须要提前明示给客户审核员。最后，供应商必须要把最终的审核计划发给客户，并且得到客户的认可，这样可以大大提高审核的效率。

3. 依照客户要求和审核问题清单进行内审

内审一般在过程审核前的一个月由供应商项目小组在厂区内来完成，每个主机厂的要求都是不一样的，如果内部审核团队缺乏经验，需要请客户或第三方专家协助或由第三方专家驻厂支持。一般对于外企的新供应商，外企一般会推荐合格的第三方给供应商，帮助供应商完成审核准备工作，进行提前自审和改善工作。

内审的流程应该是按照审核计划来执行的，也必须组织正式的生产，采用批产的工装、夹具和操作人员，这样才能发现真正的问题。

最后内审的输出必须包括明确的问题清单，包括问题的照片、问题的描述，描述不仅仅写符合，而要写明确认了哪些内容、文件、制程等，责任人和计划解决的时间。同时，还要认真梳理过去发生过的质量问题、客户审核的问题等，确认有效的关闭。

对于改善，对发现的问题点应根据严重和紧急程度进行优先排序；应用合适的质量工具分析原因，制定对应的改善方案；定义清楚责任人，改善方案有效验证的计划；有效验证通过，关闭问题点。总结经验教训，进行推广，持续改善。

（六）过程审核的一般过程

终于到了要进行过程审核这个让大家都紧张和激动的日子。因为只有过程审核得到批准，产品的审核才能最终被批准，也是对前期工作的一个认可。

一般德国公司都比较重视过程审核。如果每个过程发现的风险都得到了改善，最终的产品一般不会出现大的问题。

过程审核的一般流程如图12－2所示。

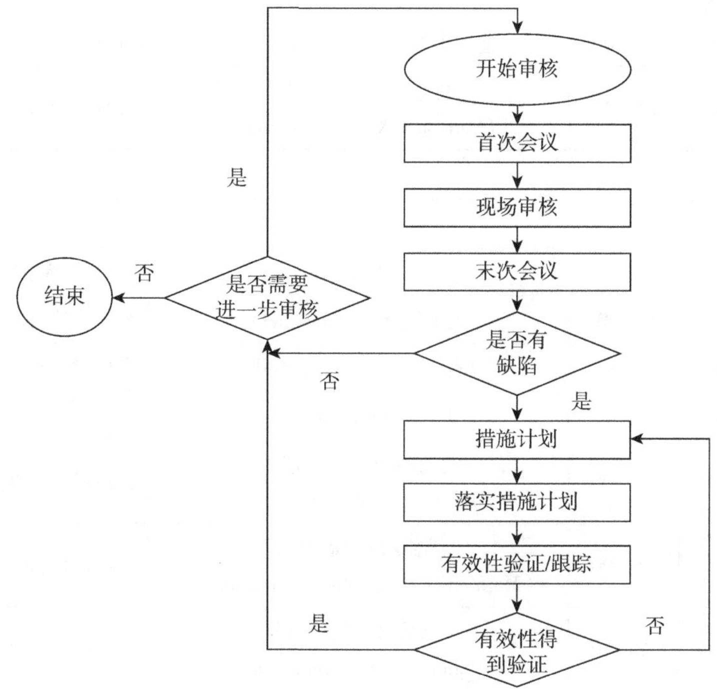

图12－2　过程审核流程图

1. SQE的审核准备

熟悉标准（如VDA6.3等）、产品图纸、规范、客户标准/协议/合同等要求，以及制程工艺与产品特性。

检查在前期发现的质量问题和审核发现的遗留问题是否关闭。

采用 VDA6.3 过程审核清单的基础上，再结合每一个公司对产品的特殊要求（过程审核的一般流程），和供应商一起确定审核行程。

行程安排举例如表 12－2 所示。

表 12－2　行程安排

第一天：			
开始	结束	行程	参加
8：30	9：00	简要议程审查（Brief Agenda Review）	客户供应商项目小组
9：00	12：00	文件审核（Document Review）	客户供应商项目小组
12：00	12：45	午休（Lunch Break）	
13：00	17：00	过程审核（Process Audit）	客户供应商项目小组
17：00	17：30	总结 & 行动计划（Summary & Action Plan）	客户供应商项目小组

第二天：			
开始	结束	行程	参加
8：30	9：00	人力资源（Personnel）	客户供应商项目小组
9：00	12：00	过程审核（Process Audit）	客户供应商项目小组
12：00	12：45	午休（Lunch Break）	
13：00	15：00	实验室/物流/仓库（Lab/Logistics/Warehouse）	客户供应商项目小组
15：00	17：00	维修/供应商管理（Maintenance/Supplier Management）	客户供应商项目小组
17：00	17：30	总结 & 行动计划（Summary & Action Plan）	客户供应商项目小组

2. 首次会议

审核开始前，SQE 一般要和供应商的项目小组召开首次会议。

主要内容有：

- 介绍参加人员。

● 说明审核的目的和原因，以便让所有与会人员得到相同的信息，更好地进入角色。

● 解释审核程序和支持条件，澄清与会人员的疑问。

3. 现场审核

（1）问题清单

一般是根据 VDA6.3 针对每一个生产过程的过程的输入（要求、信息、材料）、过程的输出（产品、记录）、过程需要哪些设施、哪些岗位为过程提供支持、过程如何控制、过程落实的效果如何进行现场审核。其实就是对过程的要素（输入、输出、人、机器、物料、方法和环境）进行审核。

现场审核的问题清单举例如图 12－3 所示。

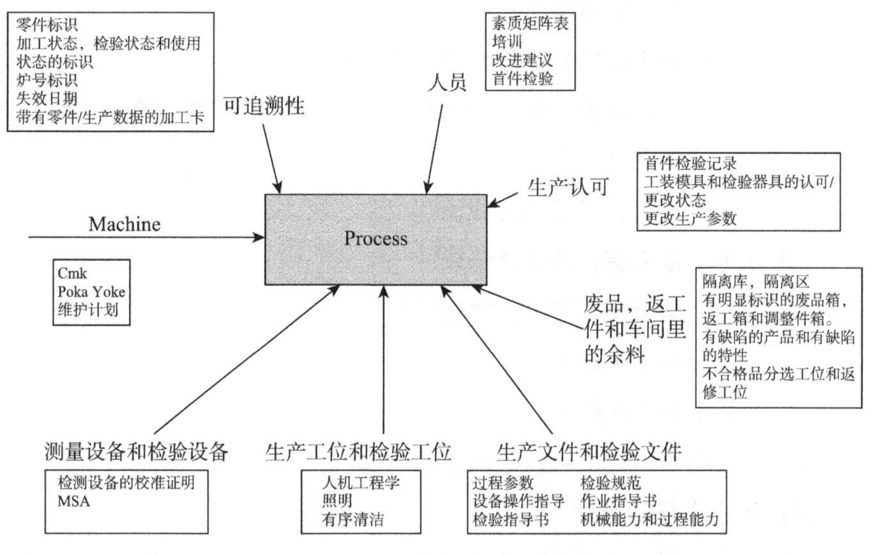

图 12－3　现场审核的问题清单

人员：是否有公司的人员素质矩阵？

是否接受岗位培训？是否胜任该岗位的工作？

是否提出过质量改进的建议？

是否完成首件检验？

机器：特殊特性是否有 CMK 认证？

是否有 PoKa Yoke？

是否有维修计划？

是否完成点检？

零件可追溯性：是否有零件标识？

半成品是否有加工状态、检验状态和使用状态的标识？

原材料是否有炉号标识、失效日期的标识？

检测设备：特殊特性的检测设备是否有 MSA？

是否有校准标识？

生产工位：是否符合人机工程？

是否有照明？

是否有序清洁？

生产文件：是否有过程参数和检验规范？

文件是否齐全？（作业指导书？设备操作指导书？检验指导书？）

是否有过程能力分析？

生产认可：是否有首件检验记录？

是否有工装模具的认可？

废品：是否有隔离区？

标识是否明确？

废品箱、返工箱的标识是否明确？

（2）现场审核的要点

现场审核的时候，通常是一群人对着一个人，而且每个人对岗位也比审核人员熟悉，都对自己的工作很维护，所以 SQE 的心理建设一定要强大，还要显示个人的专业技能来让大家信服。所以，现场审核时一定要注意以下问题：

审核清单：

- 审核清单应该在 VDA6.3 的基础上，针对每个公司的实际情况来确定，特别关注影响特殊特性的人、机、料、法、环。
- 可按照事先准备好的检查表逐项审核（新人），也可进行随机性提问和检查（有经验的审核员），也可视需要增加新的检查内容。

提问沟通方式：

- 切忌不要采用“为什么”来提问，要采用商量的语气，而不是责备的语气。
- 如果发现不合格项，应尽可能在现场向被审核方澄清问题，以达成共识。
- 若发现有严重的缺陷，必须与过程负责人共同制定并采取紧急补救措施。
- 对于需要了解的信息，必须检查所有存在的证据，落到实处，眼见为实。

现场记录：

- 审核时应随时记录审核的内容，并且用拍照的方式记录下来。

一般直接从来料控制/供应商管理/库存管理开始，再到生产流程，简单方法就是拿一份控制计划，一步一步查下去。对于每个工序都要考察的问题点，像设备维护，没必要查所有的设备，只要查关键工序的设备校验/维护/能力研究。其他像人员、方法和材料（Man，Method，Material）等关键工序一定要细查，如果时间不允许，非关键工序不要面面俱到。直接问操作者，发现不合格，应向责任者指出并确认。一定要很专业、有根据地提问题。

4. 末次会议

末次会议是就审核中发现的所有情况（好的方面和不足之处）进行总结。参加人员由审核双方商定，一般是双方的项目小组成员。

主要内容有：

（1）明确问题清单（Open List）

将指出的所有缺陷和相应的照片都记录在措施表里并填上相应的纠正措施，以及责任人和计划完成的期限。审核员可以协助制定进一步的系统性方法。

过程审核改善措施表如表12－3所示。

表12－3 过程审核改善措施表

	问题描述	照片	根本原因	改善计划	负责人	时间	现有状态	颜色
1								
2								

① **问题描述**（Problem Description）：描述所发现的不符合项，并且描述清楚。

②**照片**（Photo）：对于每个问题都配有照片，以便可以将后面的改进结果和当前的情况做对比。

③ **根本原因**（Root Cause）：分析问题产生的原因。

④ **改善计划**（Improvement Method）：小组讨论得出用来改进的措施。

⑤ **责任人**（Owner）：将负责完成该改进措施的人员。

⑥ **时间**（Date）：计划完成的时间。

⑦ **现在的状态**（Status）：现在的改进措施完成的情况，有没有达到需要改进的目的，是否可以关闭该开口项。

⑧**颜色**：

- 如果是已经完成的项目，需要打上绿色来表示已经完成。
- 如果改进还在进行中，需要打上黄色来表示还在进行中。
- 如果改进没有进展，需要打上红色来表示没有完成。

总的特点，不是特别关心表格和文件，而是关注产品和现场，关注过程。过程就是审核的核心。

（2）明确特殊特性的过程能力分析的结果

当 PPK≥1.67 时，一个过程能力审核（包括性能测试）就成功地完成了。

如果所商定的特性参数的过程能力不令人满意，必须采取适当的措施。如果有严重的缺陷件，任何补救措施都必须在重复的性能测试中确认。

审核的结果必须通报给主机厂的相关技术部门，并解决未决问题。

过程能力审核数据表如表 12－4 所示。

（3）计算产品的产能

产能核算表举例如表 12－5 所示。

表12－4　过程能力审核数据表举例

								控制		
序号	特征	中间尺寸	*	cmk	ppk	cpk	数量	频率	不良	结果
			Y/N	x > =1.67	x > =1.67	x > =1.33				
1										
2										
3										
4										
5										

表 12－5　产能核算表举例

产能核算			
a 高峰需求（件/天）	a＝210	c 可能的加工时间（去掉中间休息时间、维修、换工装的时间）（件/天）	c＝382. 5 （c＝7. 5×60×0. 85＝382. 5 分钟/班次）
年产量（件/年）	52560	产品占总产能的百分比（%）	15
完成时间 （供应商 SOP）	×××	d 该产品可能的生产时间（分钟/星期）	d＝860. 625 d＝15×382. 5×15/100＝860. 625 评论
班次（每天）	3 （班/天）	c×b/5a 可能的单个产品的节拍时间（分钟/合格品）	5. 46
b 班次（每周）	b＝15 （班/周）	d/5a 可能的多个产品的节拍时间（分钟/合格品）	0. 82
瓶颈		值	评论
重要过程时间（瓶颈）（名称/循环时间）		×××××	
生产的数量（包括用于设置机器的零件和次品）（件）		e＝48 件	
需要的生产时间（生产以上数量的零件）（分钟）		f＝30 分钟	
次品（包括用于设置机器的零件）（件）		g＝5 件	
返工件（可以返工的不良品）（件）		h＝0 件	
返工时间（分钟）		0	
循环时间［f/（e－g＋h）］（分钟/合格品）		30/（48－5＋0）＝0. 70 分钟	

续表

产能核算		
结果	颜色标记	措施
绿色：循环时间 < 预期		
红色：循环时间 > 预期		
黄色：周期时间 > 预期（SOP 之前完成改善措施）		

（4）给出审核的结果

过程审核可能会出现以下三种结果：

①符合。

②绝大部分符合，那么就跟踪改进行动的结果。

③不符合，则会有第二次乃至第三次审核。

对审核结果进行解释并说明哪些地方有缺陷和改进的潜力，以及得出审核结论的理由。

必要时，可书面确定紧急措施。

（5）明确复审的要求和日期

（6）受审核方确认并反馈自己的不同意见

总结会就是做陈述，一定要交代清楚，让相关责任者接受你的发现，并就相关措施可以进一步讨论并确定完成时间。

5. 问题的跟踪和改进

任何审核过程完成以后，会有很多开口（Open）项。

首先，关于改进措施，建议避免用检验或者培训的方式，而是应从根本上解决问题，如采取更改工艺、增加防错（Poka Yoke）或者更改程序文件来预防问题的发生。

其次，证据整理，整理改善前后与对比的证据、验证有效的证据等，与问题点清单对应一致，文件整理细节，建议保存为pdf格式。

另外，有的开口项是可以立即完成的，有的是需要长期的，甚至需要投入大量的资金。持续改善，有效的改善方案横向推广，纳入持续改善课题。

一般每次审核完成以后，SQE都会做一次回访，看看问题项的改进和进展情况，进行现场验证，因为坐在办公室里不可能知道所有的情况，只有现场是最有说服力的。

最后确认关闭，保证是闭环，问题描述、原因分析、改善对策、验证实施、确认有效关闭，缺一不可。

（七）过程审核的经验之谈

每个人的经验和阅历不一样，所得到的审核结论也会不一样，所以我们建议一般审核由2~3人进行，这样才能对生产过程有个全面的认识，对质量有个全面的把控。

因为是1~2个人应对供应商的10多个人，所以掌握一定的现场审核技巧也很重要。

一般因特殊特性不同，对关键工艺的要求也不一样。

我们有一位外方的质量工程师，做这个产品已经有10年了，也跑遍了全世界这个产品的所有工厂，所以对这个产品是如数家珍，很是熟悉。

比如空调管，最主要的要求就是防止漏气，所以清洁是最主要的问题。

我们需要特别关注空调管的密封要求，不能有漏气的情况，所以在产品生产的每一步就特别关注漏气的问题：

首先，清洗管的内壁，不要有切管材料碎片的残留，在胶管和铝管焊接时，也要防止焊接碎片留在管内。

其次，当零件在工厂内运转的时候，要及时地扣上防尘罩，以防灰尘进入管内。

最后，在做验证测试（Validation Test）的时候，也应该先校验机器的好坏，是否运行正常，是否影响最终的试验结果。

只有避免了这些有可能影响质量的因素，最终产品的质量才能得到保证，而往往一个有经验的SQE都是会基于过去的经验，抓住这个重点，这样才能进行一次成功的过程审核。

两个过程审核的实例如下：

1. 产品A

(1) 日程

产品A日程如表12-6所示。

表 12－6　产品 A 日程

第一天

开始	结束	内容	参加者
8：30	9：00	日程回顾	供应商，客户
9：00	10：30	文件审核	供应商，客户
10：30	12：00	过程审核	供应商，客户
12：00	12：45	午餐	供应商，客户
12：45	17：00	过程审核	供应商，客户
17：00	17：30	总结和改善计划	供应商，客户

第二天

开始	结束	内容	参加者
8：30	9：00	人事	供应商，客户
9：00	10：30	维修	供应商，客户
10：30	12：00	实验室	供应商，客户
12：00	12：45	午餐	供应商，客户
12：45	14：00	物流	供应商，客户
14：00	15：30	供应商管理	供应商，客户
15：30	17：00	总结和改善计划	供应商，客户

（2）问题清单

我们会在供应商项目经理的陪同下来到进料检验的地方开始我们的审核。我所准备的检查清单具体如下：

①进料检验部门：

- 工艺文件（Process Document），有没有对供应商的持续改进的要求？
- 有没有工装的校验（标签、记录和可追溯性）？
- 有没有来料检测报告？

②成品仓库：

- 有无做先进先出（First in First out）？

• 有无可追溯性（零件号码、生产日期、工艺过程、机器、工具、人员、测试状态）［Traceability（Part Number，Production Date，Process，Machine，Tools，People，Test Status）］？

• 有无检测报告（Inspection Report）？

• 有无控制计划（Control Card）？

• 有无测试报告（Test Report）？

③来到生产线（Production Line），对于每一个工艺过程都要关注，特别是那些影响特殊特性的工艺流程。

• 机器清单（Machine List）。

• KPC关键特性控制（重要的工艺，注意把文件与现场相比较）［Important Process（Compare document with reality）］。

• 现场操作指导书（Operation instruction on site）。

• 机器指导书（Machine Instruction）。

• 测试指导书（设备、方法、频率）［Test Instruction（instrument，method，frequency）］。

• 操作指导书（Working Instruction）。

• 机器的校验（标记、记录和维护计划）［Calibration of Machine（Labeling，records，and maintenance）］。

• 首件和检测报告（First sample and inspection report）。

• 返工过程（指导书、返工和报告）［Rework process（instruction，rework，and records）］。

• 人员（技能矩阵、内部/外部培训）［People（skill matrix，internal/external training）］。

• 现场清洁（Housekeeping）。

• 安全和健康（Safety and healthy）。

• X－R过程能力研究。

④来到实验室（Laboratory）。

• 检测设备的校验（标记、测试、数据、谁）［Calibration of measuring（labeling，test，date，who）］。

• 设备清单（Equipment List）。

⑤来到子供应商管理（Sub Supplier Management）。

• 工艺文件（Process Document）。

• 供应商审核计划（评估、报告、频率、问题清单）［Supplier Audit plan（evaluation，report，rating，open list）］。

• 项目的统计、子供应商的时间计划（Statistic for project、sub supplier time plan）。

• PPAP 发布（PSW）［PPAP release（PSW）］。

• 供应商抱怨（8D 控制计划）［Supplier Complain（8D－control plan）］。

• 客户抱怨（8D 控制计划）［Customer Complain（8D－control plan）］。

• 反馈到上层领导（不良品、PPM）［Escalation to up level leader（defect，PPM）］。

• 更改管理（零件历史、过程更改）［Change Management（part history，process update）］。

（3）形成审查结果

审核结果表如前面的表 12－4 所示。问题举例：

问题 1：仓库的塑料原料的存放不符合要求，湿度不能超过 75%，而实际现场超过了 75%。

• 根本原因（Root Cause）：没有加装窗帘，没有抽湿装置。

• 措施（Action）：加装窗帘。

• 负责人：×××。

• 日期：××××。

• 状态（Status）：在货仓加干燥剂，如果湿度仍过高，塑胶料经过烘干后再使用，其他物料需先测试后使用，现公司正在筹建抽湿设施，以保证温度湿度在可控制范围内。

问题 2：在发泡区域，不良品被放在地板上。

• 根本原因：操作者不知道有怀疑的不良品的处理过程，在发现之后，没有按照程序规定来处理。

• 改善：要求操作者把有怀疑的不良品送给组长来处理，由组长与质量部门来确认该件是否可以被接受。如果不能被接受，组长开列丢弃清单，由相关的工人来确认这些件将被丢弃。（设置合适的操作台来返工）

- 负责人：×××、×××。
- 日期：××××。
- 状态：有不合格品架，也有不合格数量统计及原因分析，但是未进行持续改进，制定了《关于来料不良信息响应的规定》，当来料不良时严格按该规定执行。

问题3：用来安装内箱盖子的夹具是破损和脏的，有划伤箱体的风险。

- 根本原因：员工没有按照要求及时清洁和替换夹具。
- 改善：将“保持夹具清洁”这条内容加入到工作指导书中（并用吸尘器来清洁盖子）。
- 负责人：×××、×××。
- 日期：××××。
- 状态：首先，更换旧脏夹具上的布。其次，在作业指导书中规定保持夹具洁净，在管理看板上标注夹具脏、坏等需及时处理，以提高全体员工的意识。因为这个产品主要包括注塑、发泡等工艺，所以应该对塑料件和电子件的技术要求有一定的了解。

2. 产品B

（1）日程

产品B日程如表12－7所示。

表12－7　产品B日程

第一天

开始	结束	内容	参加者
8：30	9：00	行程回顾	供应商，客户
9：00	12：00	1. 进料检验 2. 仓库	供应商，客户
12：00	13：00	午餐	供应商，客户

续表

开始	结束	内容	参加者
13：00	17：00	过程审核： 1. 切料 2. 清洗	供应商，客户
17：00	17：30	总结会	供应商，客户

第二天

开始	结束	内容	参加者
8：30	8：45	行程回顾	供应商，客户
8：45	12：00	过程审核： 1. 工序1 2. 工序2 3. 工序3 4. 工序4 5. 包装	供应商，客户
12：00	13：00	午餐	供应商，客户
13：00	13：30	人事	供应商，客户
13：30	14：00	实验室	供应商，客户
14：00	14：30	维修	供应商，客户
14：30	15：00	供应商管理	供应商，客户
15：00	17：00	总结	供应商，客户

（2）审核结果举例

问题1：在切管工序，用塞规检查直线度时，有因内部有铁屑划伤管内表面的风险。

- 根本原因：以往没有发现此风险。
- 行动计划（Action Plan）：制作警示指导，要求先用毛刷清理，后目视检查确认管内有无铁屑，最后用塞规检查。
- 负责人：×××、×××。
- 日期：××××。

- 状态 Status：已加入操作指导书。

问题2：焊接工序无防错装置。（注：防错法的特点是自动全检产品，但不增加作业者负担，低成本、低投入，快速实时反馈。防错法是一门技术，有一系列技术、工具和方法。）

- 根本原因：以往没有关注此要求。
- 行动计划：制作警示标识；在操作者自检中记录螺钉直径。
- 负责人：×××、×××。
- 日期：××××。
- 状态（Status）：焊接后检验工位的照明需确认是否足够。

（3）问题的跟踪

SQE会做一次回访，现场检查问题项的改进和进展情况，最后确认关闭，保证是闭环，问题描述、原因分析、改善对策、验证实施、确认有效关闭，缺一不可。

问题的跟踪的行程举例如表12－8所示。

表12－8　问题的跟踪

时间	内容	参加者
8：30－9：30	小组会议	供应商，客户
9：30－12：00	跟踪开口项	供应商，客户
12：00－13：00	午餐	
13：00－16：00	跟踪开口项	供应商，客户
16：00－17：00	总结	供应商，客户

（八）还要有一些专业知识

热处理、电镀、油漆过程必须分别满足汽车工业行动小组（Automotive Industry Action Group，简称AIAG）发布的CQI－9、CQI－11、CQI－12的特殊要求。

焊接和钎焊加工必须分别满足AIAG发布的CQI－15和CQI－17的

要求。

对于一些特殊的工艺，AIAG 又推出了特殊工艺系统简介，已经发布的特殊工艺系统有如下几种：

①CQI－9 热处理系统评审。

②CQI－11 电镀系统评审。

③CQI－12 涂装系统评审。

④CQI－15 焊接系统评审。

⑤CQI－17 锡焊系统评审。

⑥CQI－23 模塑系统评审。

⑦CQI－27 铸造系统评审。

十三、试装车的日子

（一）我经历的一次试装车

一般汽车上有一万多个零件，在总装现场装的也有几千个零件，因此，一般的主机厂都会用一段时间来装配几百辆车，做各种试验，做到早发现问题、早解决问题，为量产做好准备。

经过大半年的产品设计、过程设计和产品审核及过程审核，终于要到汽车试装的阶段了。

试装车的一个月以前，我们就收到了工厂的试装流程安排，我所负责的 C 零件在 × 月 × × 日的下午 2：00 – 2：30 进行试装。

于是，我给供应商的项目经理打电话协调这件事。

“沈工，我们的试装车将在 × 月 × × 日的下午 2：00 – 2：30 举行。我这边就两件事：第一，希望你们在 × 月 × 日之前能够运送 × 个零件号各 2 个到工厂的成品仓库；第二，希望你们能够派工程师前往现场了解零件的装车情况。我也会将这两项内容写入小组每周的情况纪要中，希望你们能够配合。”

由于已经有了较长时间的互相了解，沈工已经了解公司对时间的关注程度，一般任何时间节点都是严格按照计划而来，从不推迟或者延后。这当然也是建立在多年的实践基础上的，所以供应商和主机厂都会严格地按照计划来执行。

电话沟通之后，我就立即更改了项目会议纪要（team meeting minutes），并且分发给小组内的各个成员，包括主机厂的采购、物流，供应商的领导、项目经理、产品工程师、质量工程师、物流工程师。

到了 × 月 × 日，我就收到供应商项目经理发来的仓库收货记录，下面就等着装车了。

×月××日的傍晚，我乘坐飞机到了工厂所在的城市，并且和供应商的沈工确认好，第二天的下午1点在厂门口碰头。

×月××日一早，我从酒店来到工厂，首先去办公室和熟悉的质量工程师王工打个招呼，并且让她带着我先去探访一下装车的试验室。

SQE虽然是个技术活，但是因为要应付供应商和主机厂方方面面的人物，所以就像一个项目经理，沟通协调能力也很重要。当然，这一切都是基于公司这个大平台——百年老店，质量好、产品好。如果离开了这个平台，就不可能把几万人整合起来做一件事了。所以，现在互联网企业想在资本的推动下超车，不是不可能。首先，需要技术领先，特别是自动驾驶技术和电动汽车技术。其次，有优秀的管理人员，无论是质量还是技术方面。这样才能磨合好，生产出一个实实在在的好的产品。

我们来到一幢独立的小楼，都是有门禁系统的。通过密码锁，我们进入实验室，是两个很大的房间。一个房间里停着一辆装了一半的车，空调、发动机已经到位。车子旁边有一个大大的壁板，上面贴着一张放大的日程安排表，标注得比较仔细，零件号、时间、供应商名称，以及负责的SQE，旁边有一台计算机，里面安装了一个记录零件状况的程序。另一个房间是库房，放着需要装配的零件，都带有条形码。

我首先根据零件号，在料架上找到了需要装配的C件，分属于两种车型，各4根，是在下午2：00－2：30装配。

很快到了下午碰头的时间，我领着供应商的工程师来到实验室。到了装配的时间，装配工程师很熟练地把零件装到车上，基本上是合适的，然后他又调出电脑中的程序，主要是一个问题清单，询问这个零件在装车过程中有没有和旁边的零件有干涉、人机工程是否合理、工艺流程是否合理、零件固定是否合理、是否能够节省时间、操作工具的种类。

清单的例子，具体如下：

①安装工序是否已经明确？

②环境件是否需要进一步清理？

③零件是否具备放错要求？是自身防差错、设备防差错，还是可视标

识防差错？

④零件安装位置是否合理？具备唯一的安装位置，或者有明确的位置标记？

⑤零件的固定是否合理？

⑥人机工程是否合理？

⑦与周围件是否匹配？

⑧与周围件是否有干涉？

⑨装配空间是否足够？

⑩装配力矩是否足够？

一般装配结束以后，装配工程师就会根据问题清单总结一份报告给供应商，供应商就会根据报告所列出的问题来采取措施。

那个负责样车装配的工程师真的很厉害，五十多岁，自己一个人可以装一辆车，从空架子一直到底盘、轮胎、内饰和外饰。还要排计划，完成所有零件的装配报告，没有几十年的经验积累是不可能做到的，只有公司的人员稳定和对技术工人的尊重才能造就这样的人才。

一般试装车的装配顺序和总装线上是完全一致的。通过试装，我们就能够了解到零件在装车时的状态和装车的工艺流程，这也给我们在设计中提供了整体的思维。因为零配件每个件都不是独立的，都是基于这个大环境，所以环境件也比较重要，而供应商往往只关注一个零件，主机厂则是从整体出发，供应商也没有整体的数据，所以试装对供应商来说也是一个了解整车的机会。

现在很多公司在前期也用三维软件来模拟整车的环境，所以很多零件的问题在早期就能够被发现，而不是要等到试装车的时候，这大大地提高了装车效率。当然，这需要设计中心是建在中国的，那时很多公司还没有这个实力。

幸运的是，我们得到了装配工程师的报告，没有大的问题，供应商也了解了零件在车上的状态，试装就这样愉快地结束了。

（二）试装车遇到的问题案例

当然，很多时候就没有这么幸运了。在试装车的时候，会有很多零件被发现出了问题的情况。

1. 因安装顺序出现的问题

有一次，有一个挡泥隔板就出了问题。由于它在不同的车型的安装顺序是不一样的，有的车型是在防撞梁前面安装的，有的车型是在防撞梁后面安装的，但是在数据检查的时候没有被发现，仍然按照在前面安装来检查。

所以，在装车的时候就发现了大问题，防撞梁不能够安装到位。结果是必须把防尘隔板修改，上部必须是可以折弯的，而这时模具已经做成了，所以必须重新修改模具，增加了很多的成本。如图 13－1 所示。

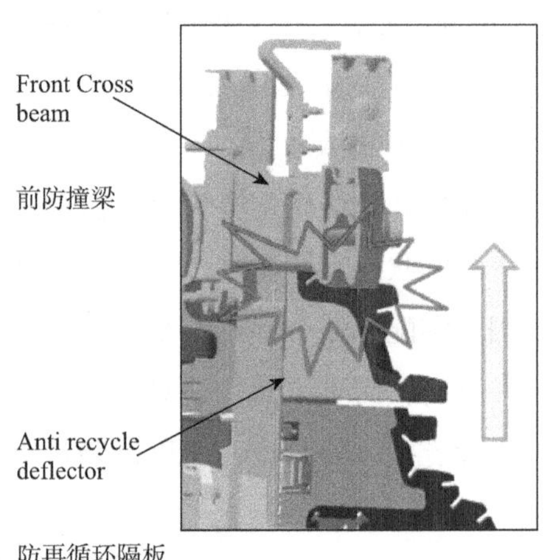

图 13－1　防撞梁安装不到位

2. 与相邻件空间不够出现的问题

还有一次，由于我们一般是先装大灯（Headlamp），然后装前保险杠（Bumper）。安装保险杠上一个靠近大灯的螺钉的时候，发现安装工具和大灯有干涉，原来是工具与灯之间的空间（Gap）太小了。

解决问题的方案是必须向后移动前保险杠上孔的位置来增加工具空间，所以必须修改前保险杠的模具，花费了 100 万元。

向后移动前保险杠上的安装孔如图 13－2 所示。

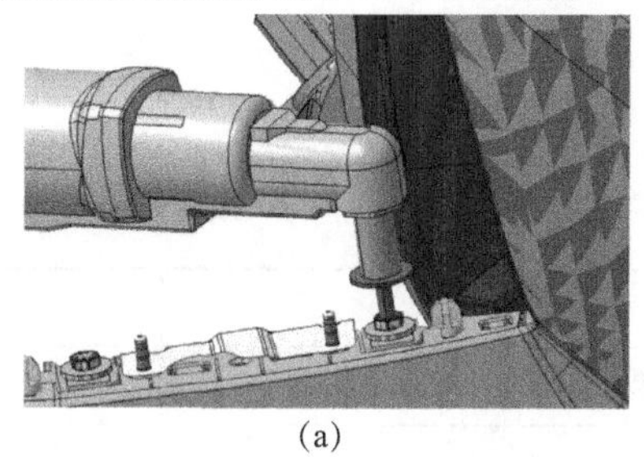

(a)

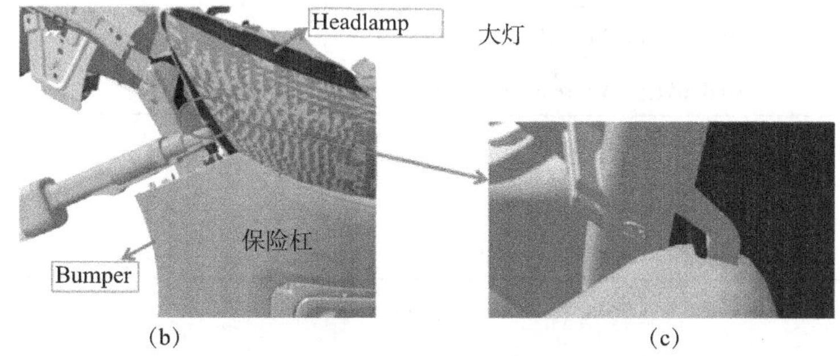

(b)　　(c)

图 13－2　向后移动前保险杠上的安装孔

3. 出现噪声的问题

还有一次，后座上的空调在路试中发现有噪声，于是就邀请供应商一起去做路试，并且一起寻找原因，结果发现是两个管子之间有干涉，所以才有噪声。

两个管子之间有干涉如图 13－3 所示。

图 13－3　两个管子之间有干涉

供应商当场做了改进，并且提交了8D报告表。8D报告表如表13-1所示。

表13-1　8D报告表

	步骤	内容
1	问题描述（Problem Description）	
2	紧急处理措施（Short Term Action）	
3	根本原因分析（Root Causes）	
4	纠正措施（Corrective Action）	
5	效果确认（Confirmation of Effectiveness）	
6	预防措施（Preventive Action）	

（三）解决问题，对事不对人

试装车的时候往往会发现很多问题，不管是对供应商还是对主机厂的工程师来说都是一个考验，但是一般我们的态度都是对事不对人。

如果发现了问题就尽量找到原因，然后解决问题，而不是责备工程师，避免类似的问题在将来的操作中再次出现。

这样在以后的工作中，工程师也不会为了逃避责任而隐藏问题，相反他们会积极地把问题解决在萌芽状态。但是，有些公司则完全是不一样的态度，他们往往会首先责备工程师，然后再去找解决问题的办法。这样，在后来的工作中，有的时候工程师为了不受到责备，就会隐藏问题，所以使得问题拖到最后才被发现，反而增加了成本。

总结：

试装车真的是一次很好的学习过程，所以我每次都强烈要求供应商参加，这就是一个工程师必须掌握的现场的力量。

当然，如果一个车型完全是成熟的，一般问题也不多，但是如果是全新的设计，往往问题就会很多。一般新车试样要经历多次试装才能发现问题，并且需要一一解决。有时对工程师也是一种考验，大家都不希望自己的零件在问题清单中，因为这个时候如果有大的修改，往往成本较大，这也符合设计修改与成本曲线，越晚发现问题成本就越高，越早发现问题越好。

十四、产品审核 PPAP（ISIR）

（一）初始样件检测报告（ISIR）

初始样件检测报告是由**供应商或者分包商**负责，要求在供应商的现场规划和执行一个合适的程序。

1. ISIR 完成的时间

只有在图纸和相关标准（质量要求）被批准的情况下，才能进行初始样件检测报告。关于哪些生产特性将被检验必须提前与主机厂商定，首件必须从用来验证临时生产能力（通常是过程审核）的生产批次中提取。

2. ISIR 的标准

供应商负责准备初始样件检测报告，一般根据 VDA6. 3 的要求来编写报告。如果有需要，主机厂的相关部门可以增加内容到报告中（例如：任何被发现的缺陷、改进措施，或者通过日程安排和一般的评论）。

3. ISIR 的批准

作为客户，主机厂负责决定是否批准初始样件检测报告。如果必须，主机厂也可以决定初始样件检测报告是通用的或者在一些特别的领域（尺寸、功能、材料、可行性）。

当所有的测试都完成了（一般是批产之前 2 个月），相关零件的质量专员必须总结测试的结果，把它们记录到数据处理系统，并将决定通知给供应商和采购部门。

有些需要批准的生产特性组需要考虑其他零件和将来的工艺过程，对于这种类型的生产特性，主机厂必须执行匹配和功能测试，然后才对初始样件检测报告做出最终结论。当供应商不能满足要求的时候，他必须定义和协调合适的改进措施。

在美系的主机厂，由于一般没有做过程审核，所以需要做 PPAP，因此 ISIR 只是 PPAP 的一部分。但是一般德系的主机厂，由于做过程审核，所以就弱化了 PPAP，只是提交 ISIR 和 PPAP 的相关文件就可以了。不同主机厂的要求是不同的，本书只是说明一些通用的情况。

（二）PPAP 的准备工作

生产件批准程序，Production Part Approval Process，简称 PPAP。

欧洲的公司比较重视过程审核，一般过程审核和 PPAP 同时进行。亲身经历如下：

场景一：早上 8：00 到达工作现场，开始生产。在生产过程中进行过程检验，发现产品不合格，必须停下来，查找原因，一直到下午 3：00，原因也没有落实，这次 PPAP 肯定是失败了。

场景二：早上 8：00 开始生产，产品走到一道工序的时候，扫描枪就是不起作用，所以不得不停线查找问题，这样的 PPAP 肯定是失败了。

和欧洲的公司不一样，一般美系的公司通常是只做 PPAP 的产品审核，但是很多时候供应商也不知道到底怎么做，往往到了现场，装上工装、量具和设备就开始运行起来。PPAP 的产品必须是 1 ~ 8 小时的量产，且规定的生产数量至少为 300 件连续生产的零件，除非有经授权的顾客代表另行规定，可是往往生产还不到 1 小时就进行不下去了，不是扫描枪不起作用，就是最后的验证试验不能通过，还有就是新的工装夹具工人还不会用。这些都是由于 PPAP 的准备没有做好，而一般遇到这种情况，SQE 可以直接拒绝承认接受 PPAP，PPAP 就直接失败了。

因此，PPAP 的准备工作也是很重要的。一般供应商应该做好以下人/机/料/法/环等方面的工作。

1. 原料的准备

例如：

- 原材料是否已经到位？

• 试生产所需要的原材料清单是否完成？是否已经购买？

2. 人员的准备

例如：

• 操作员是否经过培训已了解该产品的特性（产品/过程），并掌握了新的工装、设备及工艺的使用和首件的检验规范？

• 检验员是否经过培训已了解新产品的特性、检验标准和检验方法，掌握量具的使用？

3. 外购件的 PPAP

例如：

• 外购件 PSW 完成。

• 供应商提供已批准的分供方 PPAP 文件资料，以确保分供方满足 PPAP 的要求。

4. 生产工艺过程准备

生产工艺过程准备包括工艺流程图、控制计划和作业指导书及工艺参数等（PPAP#5、6、7）。具体内容如下：

• 工艺流程图清楚地描述工艺过程及顺序。

• 供应商需要提供数据证明对每道工序的调试已完成（如工艺验收报告）。

• 过程 FMEA 及控制计划已得到 SQE 的批准。

5. 工装、设备及量具准备

例如：

• 工装、设备及量具是否已经到位？

• 供应商确认工装、设备可以用于试生产，检测设备及量具经过评估可接受。

6. 试生产数量确定

试生产的数量需要得到 SQE 确认，原则上不少于 1 个班的产量或不低于 8 小时的生产量，一般要求在 125 件以上。如果单班产能远大于 300 件，则试生产 300 件。某些零件可能受体积限制，需要进行 JIT 生产，试生产数量需要与 SQE 商定。

7. PPAP 试生产运行

供应商项目小组与 SQE 共同评审试生产以确认以下内容：

①是否按试生产控制计划在运行？

②指定数量的零件是否顺利生产出来？

③各工序节拍是否在正常范围？

如果试生产存在显著问题，那么需要在完成整改后重新进行 PPAP 试生产。

8. PPAP 样件质量确认

试生产评审顺利通过才可以进行质量确认。

如果质量确认过程中发现显著问题，可能需要回到试生产现场考虑相应的整改措施，在完成整改后重新进行 PPAP 试生产。

（三）PPAP 的基本要求

1. PPAP 相关的概念

（1）生产件

PPAP 即生产件批准程序，对于生产件，评估用于 PPAP 的产品必须取自有效的生产过程。具体内容如下：

①该生产过程必须是 1 ~ 8 小时的量产，且规定的生产数量至少为 300 件连续生产的零件（除非有经授权的顾客代表另行规定）。

②必须在生产现场使用与量产环境同样的工装、量具、过程、材料，并配备相应的操作人员。

③来自每个生产过程的零件，如可重复的装配线和/或工作站、一模多腔的模具、成型模、工具或模型的每一个位置都必须进行测量，并对代表性零件进行试验。

（2）5 项核心工具间的关系

APQP、FMEA、MSA、SPC、PPAP 是产品开发的五大核心工具，它们之间的关系如图 14 – 1 所示。PPAP 包括 FMEA、MSA 和 SPC，而 APQP 又包括 PPAP。

PPAP 和 APQP 的关系：PPAP 为 APQP 的第四个阶段。

APQP 第四个阶段：产品和过程确认图如图 14 – 1 所示。

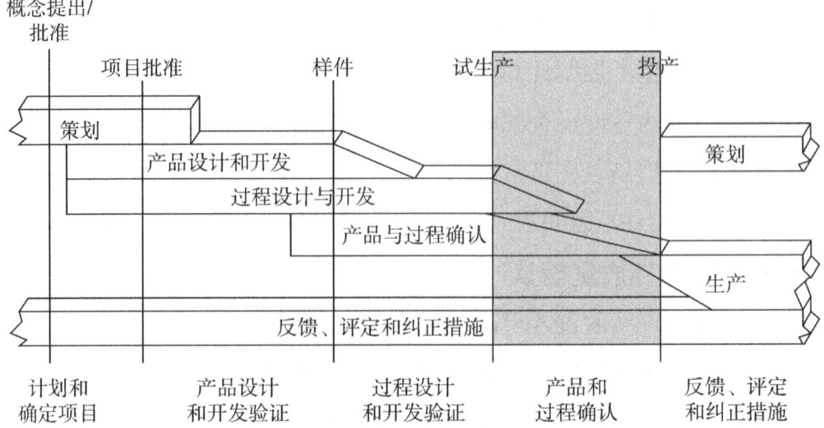

图 14－1　APQP 第四个阶段：产品和过程确认

APQP 第四个阶段产品和过程确认具有以下两个特点：

①具有产品设计开发职责的公司，对五个阶段均应执行。

②不具有产品设计开发职责的公司可省略第一、第二阶段，但仍应从第二阶段的可行性评估开始执行。

（3）PPAP 过程流程图

PPAP 过程流程图示例如图 14－2 所示。

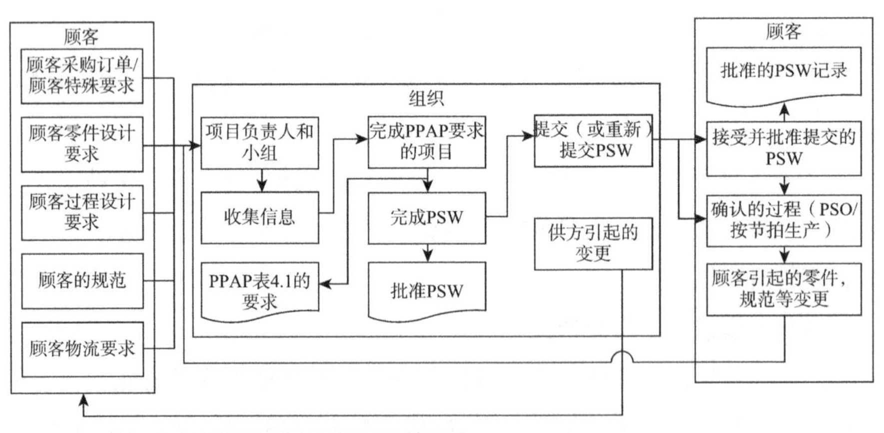

图 14－2　PPAP 过程流程图示例

2. PPAP 的目的

（1）本公司 PPAP 的目的

它是用来确定组织是否已经正确理解顾客工程设计记录和规定的所有要求，以及该制造过程是否有潜力在实际生产运行中，依报价时的生产节拍，持续生产满足顾客要求的产品。简单理解就是，为了证明量产阶段有能力。

（2）供方 PPAP 的目的

供方的 PPAP 是由供方按照本公司的要求向本公司提交，其目的是确保供方在量产阶段的能力，有些客户还要求供应商将下级供应商的 PPAP 与本公司的 PPAP 一起向客户提交。

3. 五个提交等级

（1）五个提交等级

①等级 1，仅向顾客提交保证书（对指定的外观项目，提供一份外观批准报告）。

②等级 2，向顾客提交保证书和产品样品及有限的支持资料。

③等级 3，向顾客提交保证书和产品样品及完整的支持资料。

④等级 4，提交保证书和顾客规定的其他要求。

⑤等级 5，保证书、产品样品，以及全部的支持数据都保留在组织制造现场，供审查时使用。

（2）默认等级

①提交等级的详细要求。

②组织必须使用等级 3 作为默认等级，进行全部提交，除非经授权的顾客代表另有规定。

保存和提交要求表如表 14－1 所示。

表 14－1　保存和提交要求表

要求	提交等级			
	等级 1	等级 2	等级 3	等级 4
1. 可销售产品的设计记录	R②	S①	S	*③
－有专利权的零部件/详细数据	R	R	R	*

续表

要求	提交等级			
	等级 1	等级 2	等级 3	等级 4
–所有其他零部件/详细数	R	S	S	*
2. 工程变更文件（如果有）	R	S	S	*
3. 顾客工程批准（如果被要求）	R	R	S	*
4. 设计 FMEA	R	R	S	*
5. 过程流程图	R	R	S	*
6. 过程 FMEA	R	R	S	*
7. 控制计划	R	R	S	*
8. 测量系统分析研究	R	R	S	*
9. 全尺寸测量结果	R	S	S	*
10. 材料、性能试验结果	R	S	S	*
11. 初始过程研究	R	R	S	*
12. 合格实验室文件	R	S	S	*
13. 外观批准报告（AAR）（如果适用）	S	S	S	*
14. 生产件样品	S	S	S	*
15. 标准样品	R	R	R	*
16. 检查辅具	R	R	R	*
17. 符合顾客特殊要求的记录	R	R	S	*
18. 零件提交保证书（PSW）	S	S	S	S

注：

①S 代表组织必须向顾客提交，并在适当的场所保留一份记录或文件的副本。

②R 代表组织必须在适当的场所保存，并应在顾客有要求时易于得到。

③*代表组织必须在适当的场所保存，并在有要求时向顾客提交。

4. 提交时机

四种必须提交的时机：

①一种新的零件或产品（即以前未曾提供过的某种零件、材料或颜色）。对于一种新产品（初次放行）或一种以前批准的产品，但又指定了一个新的或修改的产品/零件编号（如加了后缀）时，要求提交。

②对以前提交的不符合零件的纠正。

要求提交对所有以前提交的不符合零件的纠正。“不符合”包括以下内容：

第一，产品性能违反顾客的要求。

第二，尺寸或能力问题。

第三，供方问题。

第四，替代零件的临时批准。

第五，试验问题，包括材料、性能、工程确认的试验。

③关于生产产品/零件编号的设计记录、技术规范或材料方面的工程变更：对于生产产品/零件编号的设计记录、技术规范或材料方面的所有工程变更都要求提交附加要求，只对散装材料而言。

④组织在产品上采用了以前未曾用过的新的过程技术。

5. 三种提交结果

（1）批准

批准是指该产品或材料，包括所有的零部件，满足顾客所有的要求。因此，组织被授权根据顾客计划安排，交运量产的产品。

（2）临时批准

临时批准是在有限的时间内或按有限的数量，交运生产需要的材料。

（3）拒收

拒收是指用于提交的生产样品和文件没有满足顾客的要求。在此情况下，必须妥善纠正提交的文件和/或过程以满足顾客的要求。在生产批量发运之前，提交文件必须得到批准。

（四）PPAP 过程中常见的问题

对于 PPAP 过程中常见的问题，笔者根据自己的经验和收集的资料总结如下：

①不进行试生产，直接进行 PPAP，不能提前发现制造过程的问题。

②供应商和客户对特殊特性的测量方法不同，存在偏差。

③认为 PPAP 就是文件提交，没有进行有效的试生产评审。

④产品不能通过最后的验证试验。

⑤APQP 过程中的提交物没有完成，在开始 PPAP 时发现。

⑥零部件的特性及要求没有准确地传递到制造现场。

⑦作业指导书不能有效地指导现场作业。

⑧测量系统分析报告中重复性及再现性评估结果达到标准，但实际测量误差却很大。

⑨数据并非真实，存在造假的数据。

十五、SOP 批产日子

生活需要仪式感，忙了将近两年的时间，终于到了 SOP 批产的日子，看着新车从生产线上下来，汽车人的自豪感油然而生。

批量生产的新车如图 15 －1 所示。

图 15 －1　批量生产的新车

人生往往获得结果时的喜悦都是短暂的，而在追求结果的过程中的喜悦反而是长久的，所以重要的是追求理想的过程，至于结果往往都是水到渠成罢了。

我们更关心的是所负责的零件，是在什么地方装配，有没有问题。

值得庆幸的是，这次还比较成功，没有大的问题。因为 SOP 真的是一个对以前工作的大考验，忙了这么久，终于可以批量生产了。

当然，及时地监控供应商还是需要的。

（一）SOP 之后三个月：爬坡曲线的验证

1. 输入：爬坡行动计划

爬坡活动计划是记录供应商在项目启动阶段为确保质量和交付要求被维护的额外活动，应该是独立存在的，并且必须与前期试制的控制计划和生产能力计划保持一致。

爬坡活动计划所包含的活动（举例）：

①地点，尽可能地与正常生产流程分开和独立检查。

②接受和发货检查的频次/样本大小。

③分供方的遏制和分供方的支持/审核。

④检查/控制项目。

2. 议程

议程举例如表 15－1 所示。

表 15－1　议程表举例

4 月 23 日	议程	参与者
9：00－10：00	小组会议	
10：00－12：00	爬坡测试（零件 1）	
12：00－13：00	午餐	
13：00－16：00	爬坡测试（零件 2）	
16：00－17：00	总结	

3. 产能计划表（check list）

某公司产能计划的描述（举例）如表 15－2 所示。

表 15－2　某公司产能计划

高峰期常态的产量	×××件/工作日
常态的产量	×××件/每年
工作事件	××班次/每周

续表

高峰日的最大的产量	×××件/工作日
高峰年的最大的产量	×××件/每年
班次	××班次/每周
柔性	××%
为了达到最大的产能和柔性，你必须采取什么行动	
最大产量可以维持多久	××月
需求水平将迫使更高的投资	×××××件/每年

4. 输出：爬坡曲线验证所关注的问题（举例）

（1）产能

• 是否有要求的产量增长？产能是否可以被确认满足增长的产能？

• 现有的最大产能的瓶颈是什么（安装、子供应商）？需要附加的生产设备/工具吗？如果有，请确定具体的时间计划。

（2）爬坡生产的风险

• 由于在爬坡中的需求的提升，你是否发现任何风险？如果有，请提供风险的具体内容。

• 在爬坡生产过程中由于新的产能，你是否发现其他的衍生/车间的供应风险？如果有，确定潜在的受影响的衍生物/工厂。

（3）物流的问题

包装箱是否存在和数量是否足够？如果不够，是否与主机厂的负责人讨论？什么时候箱子可以到位？

（4）子供应商的爬坡曲线

子供应商是否知道爬坡曲线？你是否收到子供应商的产能的确认？

（5）特殊生产特性的长期过程能力

关于特殊生产特性的长期过程能力的最终验证必须在批量生产的 3 个月内提交，至少 125 件样品必须被点检和长期过程能力被评估（CPK≥1. 33）。

（6）问题项

问题项可以在现场由供应商单独或者供应商和主机厂一起被评估。为了确保在SOP和最高产能期间的过程能力，供应商必须定义对于质量和产能的测量及寻求对它的批准。爬坡曲线必须被监控和所有的偏差必须报告给主机厂。

5. 爬坡时期的退出准则

准则必须包含：内外部缺陷比率、过程能力、产能、活动持续时间，等等。

如果供应商不能满足退出准则，或供应商的爬坡活动被连续发现不符合项，供应商必须开展必要的附加行动直到解决质量和交付所关注的问题，并满足主机厂的要求。

（二）移交（Handover）

一般的主机厂中，采购部的SQE主要负责批产之前30个月到批产之后3个月的供应商的质量管理工作。而在这之后，由质量部门的质量工程师来负责供应商的质量管理。因此，就有了从采购部门移交到质量部门的移交程序。

下面是移交程序的输出文件，主要是用来批准可以从采购部门移交到工厂。

移交到量产表如表15－3如示。

表15－3　移交到量产表

<table>
<tr><td colspan="5">项目状态（如果不是绿色，显示问题和改善行动。）</td><td></td><td></td></tr>
<tr><td></td><td></td><td></td><td></td><td></td><td></td><td></td></tr>
<tr><td></td><td></td><td></td><td></td><td></td><td></td><td></td></tr>
<tr><td></td><td></td><td></td><td></td><td></td><td></td><td></td></tr>
<tr><td>甲方</td><td></td><td></td><td></td><td></td><td></td><td></td></tr>
<tr><td></td><td></td><td>签名</td><td></td><td></td><td></td><td></td></tr>
<tr><td></td><td></td><td></td><td></td><td></td><td></td><td></td></tr>
<tr><td>乙方</td><td></td><td></td><td></td><td></td><td></td><td></td></tr>
<tr><td></td><td></td><td>签名</td><td></td><td></td><td></td><td></td></tr>
</table>

为了更好地做好移交工作，一般需要完成以下的问题清单。根据我经历的一次移交，大致可以涵盖以下问题：

1. 生产能力（Capacity）（举例）

• ××××年所策划的生产能力怎样？按照启动计划，所要求的数量/生产能力是如何达到并确保达到的？

• 关于生产能力，生产过程中所遇到的瓶颈是什么（是设施设备、工具、人力方面，还是子供应商对于突增的需求应对所需要的时间）？

• 何时使用了何种设施设备、何种工具？所需或所策划的生产能力的范围是什么？

• 一些工具/设施设备/生产线/所策划的附加生产线在哪里重新布局？

• 对于过程能力有哪些证明方式？

• 对于不良品的配额，已达成何种协议？不良品是怎么处理的？

• 进行了哪些支持检验（要检测的数量、测试设备、测试目的、沟通文件等）？

• 在没有影响主机厂供应的情况下，设施设备/工具的维护保养计划是怎样确保的（包括员工、备件等）？

• 对各个车间/设施设备/日期而言，产品的可追溯性可达到何种水平？

2. 员工（Personnel）（举例）

• 在生产中/装配线上，所使用的员工是何种能力，是怎样确保这种能力的，如在员工生病的情况下怎么办？

• 员工是怎样胜任这项工作的？是怎样处理重新培训的（比如员工对于不良品的处理）？

• 按照启动计划，是采用何种排班方式来达到和确保所需的生产能力及生产量的？

3. 物流（Logistics）（举例）

• 按照启动计划，有多少货柜可以为主机厂的物流合作伙伴提供所需要的产品数量？这些货柜是怎样保养的、维修的、替换的？

• 物流的发货质量是怎样确保的（零件的准时可用性、过量供给/供给不足、发货日程的可靠性）？

• 是否已经采取一种方式来检验实际需求与生产能力之间的差别？在哪一环节采取自动报警？

• 一旦生产能力受到限制，采取何种应急措施？请描述所采取的短期、中期、长期措施。

• 针对启动计划，缓冲库存是怎样适应于可能出现的过程中断的？

4. 子供应商（Sub – suppliers）（举例）

• 子供应商的结构怎样？子供应商的稳定性是怎样确保的？按照生产能力，哪些子供应商是必须评作重要级别的？

• 关于产品数量及所安排的物料输入量，信息是怎样从系统供应商传递到子供应商那里的？

• 按照启动计划，物料数量及生产能力怎样在子供应商那里获得并确保？按照启动计划，所规定的品质是怎样达到要求的，子供应商那里怎么样？

• 在启动阶段，子供应商的持续支持是怎样计划的，以及接下来的量产阶段是怎样做的？

5. 文件（Documents）（举例）

• 哪些范围/型号的产品是后来更改的，或者可能希望重新放行的？

• 哪些问题必须通过检测去确保？这些检测何时会完成？

• 对于所有的首样发货及完成的元件，首样检验是什么情况？

• 对于所有发货零件及元件的历史记录的维护、保养有多及时、多完整？

• 目前存在哪些测量计划，以及哪些测量计划是目前要继续的？

• 对于过程能力的相关性、评估、关键指标、发货范围和零件的测量计划实施得怎么样？

• 那些可能已经在系列工艺中达成协议的措施是怎样实施的？

6. 量产品质状况（Series Quality Status）（举例）

• 目前发货质量的 PPM 是多少？发生过哪些投诉事件，采取了哪些措施来预防这些问题再发生（措施、期限）？

• 按照启动计划，所达成协议的量产质量是怎样确保的？

• 哪些 PQM 问题还没有确认？对此策划了哪些措施（措施、期限）？

• 由于不断变化的驱动测试而产生的哪些投诉还未处理及确认？对此策划了哪些措施（措施、期限）？

• 有哪些审核投诉还未处理及确认？对此策划了哪些措施（措施、期限）？

7. 工艺质量（Process Quality）（举例）

• 在生产过程中发生过哪些问题？哪些问题需要继续努力完成或需要返工？

• 当版本数量很多的时候，对于不同版本不良品处理的可靠性是怎样确保的？

• 怎样预防对零件的破坏（例如：通过规定装配线工具或设备、运输设备等）？

• 生产过程中出现零部件供应的问题时是怎样确保零件的供应的？

• 记录了哪些工艺参数，有哪些文件？

• 不良零件是怎样评估的（来自客户方的不良零件）：可能进行哪些分析（分析能力），哪些分析可行？在对不良零件的检验范围内，哪些特性要检测？

（三）生产阶段

一般量产后，供应商质量管理工作主要包括：处理生产线上的零部件质量问题，供应商生产和过程监控，每年对供应商进行年度评价。

1. 处理生产线上的零部件质量问题

一般的步骤是：

①生产线上发现有问题的产品时，会创建一个单据给物流，并注明责任方。

②有问题的零部件会送到质量区等待判定，判定结果必须输入系统。

③有三种判定结果：

- 判定合格零件返回库房，准备继续使用。
- 零部件供应商责任，零件经过和主机厂一起分析以后，返回零部件供应商处报废或经供应商返修后继续使用。
- 零部件供应商的责任，由供应商自行返修。

（如果供应商的产品出现了质量问题，主机厂质量管理部门要创建质量投诉报告。质量投诉报告都储存在另外一个由主机厂自行开发的质量数据库里，质量投诉报告包括主机厂就此问题进行的分析、处理费用和零部件报废的相关费用。如果造成主机厂停线，主机厂会向供应商要求给予停线费用赔偿。）

④质量工程师应该监督和配合供应商完成质量问题的最终解决。

2. 零部件供应商的年度综合评价

年底由主机厂的相关部门（采购、供应商质量和物流部门）对供应商的表现进行综合评价和打分。

SOP 以后，产品和过程的再验证必须至少每年做一次。供应商负责他的供应商的再验证的表现。

3. 供应商生产和过程监控

在整个供货期间，量产阶段对生产和过程的监控程度是由过程审核的结果和产品与生产过程的批准结果决定的。

供应商必须确保能够迅速地识别在制造过程中的任何更改和采取改进措施来减少不合格品的数量。任何在监控过程中发现的问题都必须通知主机厂的相关部门。

参考文献：

1. 鲁加论文《客户订单驱动下的供应商质量管理问题研究》，发表于 2011. 12

十六、经验总结（Retex）

记得小时候，大人经常说“事不过三”，也就是同样的错误不能再犯。

为了避免以前项目中出现的问题在新的项目中又重复出现，每次项目完成以后，有必要进行经验总结，对该项目出现的问题进行分析，找出原因，并落实改进措施。

把该项目出现的问题，加入过去所有项目的经验总结的总表中。

在新项目开始的时候，必须参照过去的经验总结的总表来分析总表中所列的问题重复出现的风险和控制改进行动的落实。

将寻找和解决技术问题视为学习、成长，并提高绩效的机会，遇到问题，及时解决问题，从问题中学习。采用这种方法帮助企业在早期发现和解决问题，快速找到最优的解决方案，然后将最有效的方法付诸实施。与此同时，这种方法也能够增强企业的知识库，建立关键的技能。

（一）经验总结的一般步骤

经验总结的一般步骤如下：

①建立一个问题的清单。

Create retex list（issues related to aly process）.

②利用影响/困难的方法来评价问题。

Use impact/difficult method to evaluate the post it issue.

③使用 PDCA 的格式来分析问题。（评分 <6）.

Use PDCA format to analyze the issue（evaluation <6）.

④分析在其他项目中类似问题的状态。

Analyze the situation of same issue in other projects.

一般的经验总结如表 16－1。

表 16－1　经验总结的内容（举例）

1. **问题的说明**						
发生的工位：						
问题发生的车型：						
客户的影响：						
影响的成本：						
影响的车型的数量：						
2. **问题的描述**						
3. **根本原因的分析**						
根本原因的描述：						
原有的标准是否足够准确和能够包括这个问题？						
4. **改进计划**						
过程的可行性分析：						

续表

产品的可行性分析：						
持续改进：						
持续文件是否需要改进？						
5. **永久的改善计划**						
6. **在其他项目和车型中的情况**						

1. 问题的说明

①发生的工位号。

②在该项目中发生的阶段：设计阶段还是装配阶段。

③影响所产生的成本：一般需要估算到具体的金钱数量。

④影响哪种车型。

⑤影响车辆的数量。

2. 问题的描述

对客户的影响：5W2H，什么工位，发生了什么情况。

5W2H 表如表 16－2 所示。

表 16－2　5W2H 表

5W2H		解释
WHO	谁	识别哪一个客户（内/外部）在抱怨
WTAT	什么	问题的症状，无法用文字描述清楚的，借助于数字或图片将问题表达清楚
WHEN	何时	记入问题发生的日期
WHERE	何地	记入问题发生的场所
WHY	为什么	识别已知的解释
HOW	怎么样	在什么模式或状态这问题会发生
HOW　MUCH	什么程度	问题发生的程度、量

3. 根本原因分析

可以用质量工具 5M1E **分析法**来分析，造成产品质量波动的原因主要有以下 6 个因素：

①人（Manpower）：操作者对质量的认识、技术熟练程度、身体状况等。

②机器（Machine）：机器设备、工夹具的精度和维护保养状况等。

③材料（Material）：材料的成分、物理性能和化学性能等。

④方法（Method）：生产工艺、工装选择、操作规程等。

⑤环境（Environment）：工作地的温度、湿度、照明和清洁条件等。

⑥测量（Measurement）：测量时采取的工具、方法是否标准、正确。

鱼骨图（因果图）如图 16－1 所示。

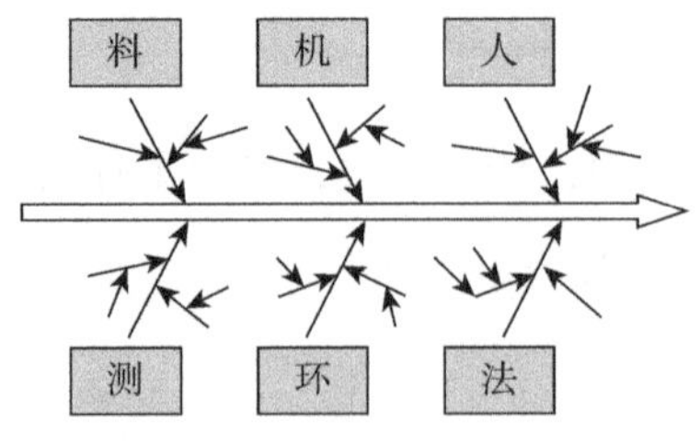

图 16－1　鱼骨图（因果图）

①品质特性（问题）明确。

②多人讨论（头脑风暴）。

③因果关系分清楚。

④讨论：由大到小。追溯：由小到大。

⑤配合其他工具使用。

5Why 分析法如图 16－2 所示。

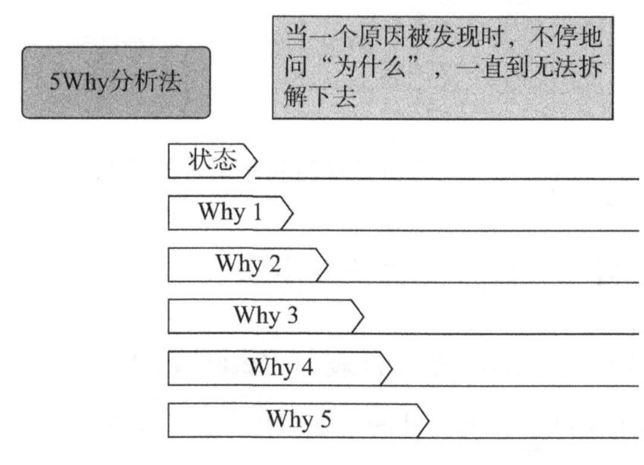

图 16－2　5Why 分析法

原有的标准是否足够准确和包括这个问题？是否遵守这个标准？

4. 改进计划

①过程的可行性分析。

②产品的可行性分析。

③持续改进。

④程序文件是否需要被改进？

5. 永久的改善计划

制定并实施长期的纠正措施以彻底解决问题。长期意味着永远，即问题永远不会再次发生。如有必要，根据可能出现的负面影响的严重程度，制定意外事故应对措施。标准是否需要改进（确定这个问题所涉及的标准文件）？

6. 检查在其他项目中的情况（包括过去的、新的项目）

具体内容如下：

①第一个将要用这个标准的车型。

②确定正在进行的项目中的状态，防止同样的问题再次发生。

在其他项目和车型中的情况如图 16 – 3 所示。

在其他项目和车型中的情况

车型	可行性
B1	ok
B2	ok
B3	ok
G1	nok
T1	ok
T2	ok

-将来第一个使用改进过的程序的项目，确认第一个项目。

-检查在进行中的项目的情况。

图 16 – 3　在其他项目和车型中的情况

（二）在项目中实现经验总结的步骤

1. 建立历史经验反馈清单总表（Retex List）

历史经验反馈清单（Retex List）如图 16 – 4 所示。

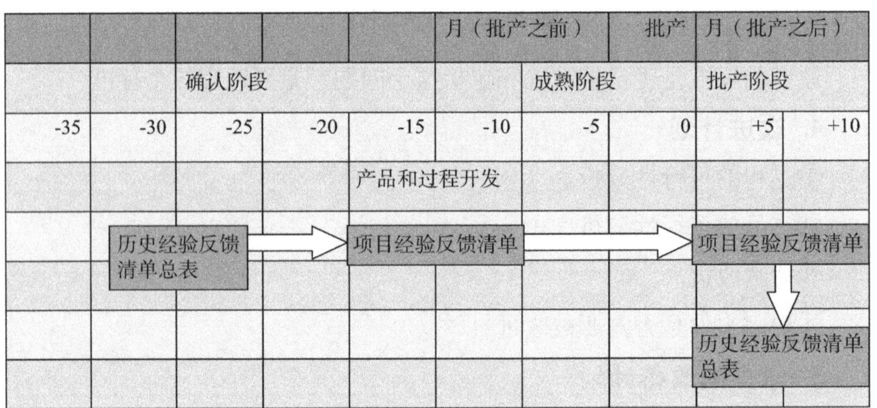

图 16 – 4　历史经验反馈清单（Retex list）

主要包括以下信息：

①问题描述。

②项目。

③部门。

④责任人。

⑤状态：经验总结文件准备的状态。

⑥日期：经验总结文件完成的时间。

⑦文件：文件的链接。

历史经验反馈（Lesson Learn）清单总表包括的信息如表 16－3 所示。

表 16－3　历史经验反馈清单总表

	问题描述	项目	部门	责任人	状态	日期	文件
1	A						
2	B						
3	C						

2. 建立项目经验反馈清单（Project Lesson Learn List）

检查历史经验反馈清单，把风险解决在萌芽状态，找出相关的问题，建立项目的经验反馈清单（Lesson Learn List）。

项目经验反馈清单如表 16－4 所示。

表 16－4　项目经验反馈清单

	经验清单	状态（OK/NOK/正在改进）			项目	发生阶段
序号	问题描述	节点 1	节点 2	过程审核		
1						
2						

项目经验反馈清单大概包括以下几个方面：

①问题描述。

②在不同开发阶段的情况：概念设计/小批量生产/过程审核。

③项目名称。

④发生阶段：历史上发生该问题的时间。

3. 每个阶段跟踪项目经验反馈清单中的问题，更新清单的内容

4. 批产以后，加入新发现的问题，并进行经验总结

如果有不符合项，需要确定改进措施，并更新项目的经验反馈清单。

5. 根据安全、发生频率、影响、类型和规定得出优先级 N，对

清单进行分类

N = 安全 + 发生频率 + 影响 + 类型 + 规定

项目经验反馈清单的分类如表 16 - 5 所示。

表 16 - 5　项目经验反馈清单的分类

N°	问题描述	安全	发生频率	影响	类型	规定	优先级
1	A	0	2	2	3	0	7
2	B	0	2	2	3	0	7

N <5，必须有行动计划。

N =6，7，8，必须完成经验总结的 PPT。

6. 经验总结的 PPT 必须得到小组的批准

7. 更新历史经验反馈清单

把优先级别（level of priority）超过 6 的问题加入部门的历史经验反馈清单中，循环到下一个项目。

（三）实际操作中的问题

说实话，作为我们小组经验总结任务的负责人，我觉得真正做好经验总结不容易。

首先，建立经验总结的清单。每次装车以后，我们都会找出一些发生过的问题放入清单中，但是放什么样的问题到清单中也是一个问题，因为在工程师的头脑中，这不是就表示自己工作的失误吗？一般都不愿意把自己的问题放到清单中，所以到后来就变成在小组成员之间的平均分配。

其次，如果有问题在清单中，优先级别是大于 5 的，必须准备一个有关这个问题的 PPT 来说明情况，而且这个 PPT 需要通过专门的会议来批准。有时这样的会议的氛围并不太好，好像你犯了什么样的错误，大家都来谴责你。你的任务就是回答大家的问题，并且一遍遍地修改自己的 PPT，有的时候这样的会议要经历多次，这样的结果就是我们的一个同事竟然成就了自己的一本著作，这可能是意外之喜吧。

经过几个项目，我们也累积了几十个问题，成为我们集体的财富。前人种树，后人乘凉。

（四）缺陷和成本的关系

开公司就要考虑赚钱，所以质量和成本的关系就比较重要。我们在准备质量报告的时候，最好也要与成本建立起联系，这样可以节省多少、少花多少，一目了然。

缺陷和成本的关系如图 16－5 所示。

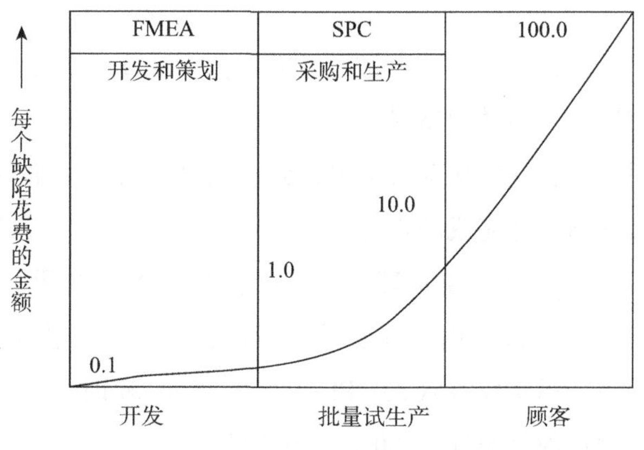

图 16－5　缺陷和成本的关系

①在开发阶段，如果发现了问题，只要修改设计就可以了。成本较低。

②在批产阶段，如果需要修改设计，就有可能要改模具了。成本一般。

③问题件到了客户那里，可能就要赔偿了。成本比较高。（所以越早发现问题，解决问题，花费的成本越低。）

十七、计算机辅助供应商质量管理（软件）

全面的项目管理和有效的监控是有效的生产工艺的关键。这个任务是由计算机辅助的工具（软件）来支持的。

计算机辅助供应商质量管理系统（软件）一般包括以下两个方面的功能：

（一）跟踪和记录项目状态

跟踪项目进度：按照产品和过程进度表，供应商必须定期更新项目状态，包括**项目进度、活动和结果**。

记录项目信息：这些从项目小组得到的信息，可以用来控制和确认项目目标的真实性与目标完成的程度。

这些信息包括：分包商管理、可靠性指标、审计结果、概念技术评估、开发和集成、发布（用于开发）、质量报告、产品/过程成熟度水平、部件的有效寿命、质量检查状态、PPM 预测、经验教训、零千米故障统计等方面，以及现场故障统计、100% 检测结果。

（二）监控项目

监控项目主要是监控项目的成熟程度。成熟度水平是保证主机厂在供应商工厂处开发产品和生产的一个过程。

目的：

①它构成了项目合作的基础，通过提供风险管理中相关数据的共同观点，支持主机厂和其供应商之间的成功沟通。

②它有助于提高效率，并对质量改进做出重大贡献。

③适用于从概念到批量生产的车辆、底盘和发动机项目，并为零件管理的核心流程提供持续支持。

功能：

①支持全面有效的项目管理，因此是成功地实现精益生产过程的

关键。

②它不仅为零件的当前状态提供完整的信息，还为到达批量生产过程中的各个里程碑提供指导。

③在 SOP 之前，它的度量标准不仅包括过程批准，还包括对供应商的过程能力的最终确认。

④SOP 之后，它可用于记录产品和过程监控。其不同的过程模块包含于特定组件和单独可配置的问题目录。该系统还支持各个成熟水平的一系列的报告形式和评估（包括措施和有效性检查）。因此，可以随时获得项目状态的最新评估。

对该系统的总结内容如下：

①用于呈现评估和项目状态报告。

②是用于开发产品和生产过程的一种方法。它主要基于系统中的测量标准的目录，该目录提供了一个逐步揭示当前项目状态的过程。

③在大多数情况下，将由主机厂的员工使用此工具来进行产品的生产开发。

④对于选定的供应商，还可将使用软件监测和报告项目状态的责任交给供应商。

十八、质量问题解决的流程

（一）质量问题解决的流程

举例如下：

①电话会议：举行紧急电话会议（和主机厂 SQE 一起）。

②正式的通知：国内的供应商在×小时/国外的供应商在×小时内会收到主机厂的通知（电话或书面通知）。

③快速响应：对于一般的零件供应商有快速响应的要求。

④原因分析：在厂内分析潜在的原因和采取短期遏制措施。

⑤缺陷件：缺陷件在被主机厂收到后的×小时内被寄出。

⑥短期遏制措施：在缺陷件被供应商收到的×小时内，短期遏制措施的有效性必须由供应商来确认。

⑦长期措施：如果是一级供应商本身的问题，供应商必须在×个工作日内完成根本原因及长期措施的分析和反馈。

⑧长期措施：如果是二级、三级供应商的问题，则供应商必须×小时内反馈分析计划（含零件运输节点），×个工作日内完成根本原因及长期措施的分析和反馈。（8D 报告）

⑨若有必要，供应商需到失效现场进行问题分析。

（二）SQE 最担心的是什么

如果忽然在线上发现了不合格品，不及时采取措施，那么就有停线的风险。这就是箭在弦上，不得不发。这给 SQE 和供应商都造成了一定的压力。这种情况下，是考验 SQE 的水平，也是在压力下工作的要求。所以，这个时候一定要冷静，而且要采取措施。好在现在有了一个很好的工具——8D 来帮助我们解决问题。

关于 8D 的方法，如图 18－1 所示。

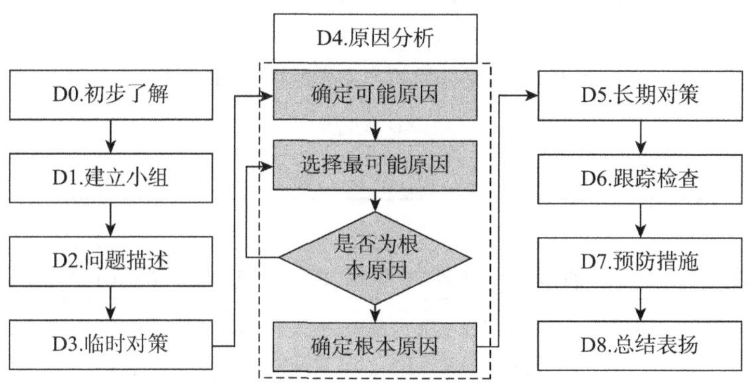

图 18－1　8D 方法

1. 临时处理方案

优先考虑客户端，在允许的情况下不影响客户的生产或者出货；如小批量生产的返工（考虑在公司还是在客户端）满足客户需求；其他部分（在途中、在制品、仓存品）需要给客户或者公司采取一个最低成本的处理方案，不良品的处理需要公司所有有关部门的参与，讨论方案各负其职、各尽其责。

2. 长期措施

回复客户公司是如何改善该不良和预防类似不良的发生，以及提供改善验证证据或者验证数据说明问题已经解决。基本上是考验你对 8D 的熟练程度。

3. 去现场和供应商一起解决

解决问题的行程安排，去现场和供应商一起解决问题。

解决问题的行程安排如表 18－1 所示。

表 18－1　解决问题的行程安排

13：40 － 14：20	现场考察	供应商小组 供应商质量工程师
14：30 － 17：00	与供应商开会，包括： 1. 分析问题，定义可能的根本原因 2. 制定改进计划	供应商和供应商质量工程师

产品质量投诉8D报告如表18－2所示。

表18－2　某公司的产品质量投诉8D报告

8D报告

编号：

<table>
<tr><td>主要问题：</td><td colspan="3"></td><td>A级管理</td></tr>
<tr><td>编制</td><td>批准</td><td>发生/反映时间</td><td>责任单位/部门</td><td>责任人：</td></tr>
<tr><td colspan="3" rowspan="2">问题详细描述：（D2）</td><td>产品名称：</td><td></td></tr>
<tr><td>小组成员（D1）</td><td></td></tr>
<tr><td colspan="3" rowspan="3">确定和实施临时纠正措施：（D3）</td><td>生产线数量：</td><td></td></tr>
<tr><td>库存/在途数量</td><td></td></tr>
<tr><td>已交付数量</td><td></td></tr>
<tr><td colspan="5">确定根本原因：（D4）</td></tr>
<tr><td colspan="3">确定和实施的永久性正措施：（D5）</td><td>完成时间日期</td><td>实施人员</td></tr>
<tr><td colspan="5">有效性验证：（D6）</td></tr>
<tr><td colspan="5">防错/预防措施/防止再发生：（D7）</td></tr>
<tr><td>报告人：</td><td colspan="2">日期：</td><td>抄送：</td><td>日期：</td></tr>
<tr><td colspan="5">备注：小组成员必须包含技术、质量责任车间等人员，确定和实施的永久性纠正措施必须经质量室组织确认。</td></tr>
</table>

发放时间：　　　　　　　　　　　　注：要求责任部门在2日内回复

（三）怎样定期对供应商进行监控

（1）向生产厂家派常驻代表进行监控

特别是遇到重大的质量问题，需要供应商进行较大的改进的时候，一般会让 SQE 在供应商的工厂上班，为了将问题尽快解决，同时因为在现场，所以能对问题有比较深刻的了解，能够提出比较合理的建议。

（2）定期或不定期拜访供应商，进行监督检查

每个里程碑，每个时间结点，遇到一些重要的事件的时候，SQE 一般都尽可能地到供应商的工厂和供应商一起完成任务，对供应商的生产现状和所发现的问题做到了如指掌，并对供应商起到监督的作用。

（3）供应商生产状况的变化应该及时被通知

量产后，如果供应商更换子供应商，应用新技术，增加工装和设备，或者改变生产场地，SQE 都必须及时地了解到，并且督促供应商提前做好过程和产品审核的计划，实施产品和过程的确认（PPAP），以免影响供货和整车的生产。

（4）在管理和技术方面对供应商给与支持和帮助

由于 SQE 接触的供应商比较多，对产品的工艺和技术方面的经验也比较多，如供应商遇到管理和技术方面的困难的时候，主机厂的 SQE 可以提供一些建议，或者帮助找到可以提供帮助的专家和公司。

总之，很多时候对待供应商就像对待工作搭档一样，这样就可以把问题解决在萌芽状态。

十九、汽车行业做质量管理的一些体会

（一）现场的力量

无论任何时候，SQE 都在供应商的现场。

工装交货的时候、小批量生产验收、过程审核、产品审核、质量问题解决，SQE 都在现场。

“现场现物”的意思是实际的零部件和实际的地点，亲自看到实际情况，掌握第一手信息，深入理解目前的现状，这也是丰田方法的核心原则之一。

以特斯拉为例，工程师的办公室就在车间里，以便随时发现问题随时到现场解决。波音的工程师的办公室也是在车间里。

（二）标准化

标准化，让部门的每一个工作的内容形成程序文件，并且设定标准技能集，以此来培养并衡量新工程师，然后不断地增加或提高技能指标，用标准化准则来确定员工的能力。

例如：SQE 的每个工作内容在程序文件中都能找到。

标准化从一定程度上提高了工作效率，节约了时间。

当我准备从一家企业离开的时候，由于我从事的是 CAD 的工作，其中，有几个操作是没有被记录在程序文件中的，而是我自己发现的，所以在离开之前被要求更新一下程序文件，方便后面的同事使用。

新员工培训，只要有培训程序文件就可以了，每一个程序都被清楚地记录在系统里，即使人员流动也不用担心。

（三）怎样处理与供应商的合作

一母生九子，九子各不同。对于同一个产品的每个供应商也是不一样的。我们怎样应对这些供应商呢？

1. 对供应商进行分类

例如：丰田就把供应商分为 4 类，即**合同制的供应商、咨询式的供应商、成熟的供应商、合作伙伴。**

供应商分类如表 19－1 所示。

表 19－1　供应商分类

	合同制	咨询式	成熟的供应商	合作伙伴
设计职责	客户	联合设计	供应商	供应商
产品复杂性	简单零件	简单组件	复杂组件	供应商
由客户提供的技术规格	完整的设计或者是供应商的目录产品	详细的技术规格	关键的技术规格	概念
供应商对技术规格的影响	无	有所体现	协商	合作
供应商介入的时间	样车	概念批准以后	概念车	概念预研
部件测试职责	客户	供应商加入	联合	供应商
供应商开发能力	略有	较强	强	独立齐全

①**合作伙伴**。此为最高级别，这些企业已经成长得与主机厂规模相当，在技术上水平很高，可以完成总成和部件的设计，并且拥有完整的样件制造和测试能力，如德尔福、法雷奥、伟世通、麦格纳，等等。一般和主机厂的关系比较紧密和长久，在主机厂产品开发的最初概念阶段，这些伙伴就开始参与整车设计，通常在主机厂和他们签订合约之前就可以拿出设计草案，甚至完成大部分技术规格的开发。

②**成熟的供应商**。这类供应商在工程设计和制造能力等方面是非常出色的，但是与合作伙伴级别的供应商相比，其独立性稍差，更多地依靠主机厂给予的指导。同时，他们生产的产品不会太复杂，并且遵循了主机厂

提供的技术规格。

③**咨询式的供应商**。这些供应商制造诸如蓄电池和轮胎之类的零件，他们的技术专长得到了主机厂的关注，他们受主机厂邀请，为新车型提供意见。咨询式的供应商一般会为主机厂推荐新的发明创造，而且和主机厂的合作主要发生在测试和开始量产阶段。

④**合同制的供应商**。主要是指螺栓螺母、支架和火花塞之类的等通品的供应商，一般这些零件不需要主要的供应商。

2. 我管理的 3 个供应商

首先，所处的地理位置不一样，一个在华东，一个在深圳，一个在东北；气候也不一样，所以就会对物流有所影响。

其次，出资方不一样。一个是港资背景的，总经理是香港人，企业文化是比较务实、高效的；一个是有欧洲企业工作背景的，企业文化也是比较严谨的，员工素质普遍比较高；另一个是有中资背景的。

最后，各个公司的生产设备和生产经历不一样。港资背景的，在行业内深耕了很多年，员工素质普遍比较高，已经供货多年，行业经验比较丰富，质量问题很少；欧洲企业工作背景的，虽然来中国时间不长，但是行业全球领先，技术能力很强，设备很好，员工也培训得很好，因此基本没有什么质量问题。但是，第三个供应商就不一样了，首先是新的供应商，在产品开发期间有搬家这样的大事情，因此成为我们关注的重点。

（1）积极与供应商沟通

沟通方式：差别对待。

当代的沟通方式已经有很多种，包括线上的和线下的。对于表现比较良好的供应商，一般通过电子邮件就能解决问题，不需要在这上面花费很多时间，但对比较困难的供应商，一般必须用语言和电子邮件一起来沟通。有时还需要到现场面对面地沟通，在问题所涉及的环境中，很多事情更容易理解，更容易找到解决问题的办法从而及时地解决问题。

（2）就近寻找合格的供应商

就近原则特别重要。主要由以下 2 个好处：

①降低物流和运输成本。

②及时地解决质量问题。如果产品在生产线上有问题，可以及时地让供应商到现场来观察，找出原因和解决问题的对策，而不需要乘飞机或火车赶过来。

3. 对供应商进行定期考核

其实也很简单，随时跟踪，随时解决问题。

随时跟踪，就是每周开项目会议，并且在会议上根据项目计划跟踪每个问题的进展情况，明确责任人和完成的日期，并且对重点问题重点关注，特别关注紧急和重要的事情。会议结束以后，及时发出会议纪要给小组成员来执行。

会议纪要如表 19－2 所示。

表 19－2　会议纪要举例

序号	事件	负责人	完成日期
1	工具到位	×××	××××
2	原材料到位	×××	××××
3	零件图纸完成	×××	××××
4	过程审核报告	×××	××××
5	验证试验计划	×××	××××
6	验证试验报告	×××	××××
7	搬家计划完成	×××	××××
8	工厂信息管理系统完成	×××	××××

在每一个重要的项目节点来临前两周，就去供应商处了解项目的实际执行情况。

每一件事情不能只是听供应商说，必须到现场看到实实在在的东西。

比如在工装验收之前的 1 个月，就去供应商的工装加工厂，现场考察工装的实际加工情况，质量怎样，进展怎样，发现问题，解决问题，拿到第一手的资料，然后供应商终于按时保质保量地完成了任务。做过程审核，对别的公司一般只要做一次，而对这个供应商提前一个月做了两次，每次都发现了不少问题，让供应商不停地整改，从而保证供应商最后通过了过程审核。

最后搬家的事情也是这样，在供应商提出搬家计划的时候就参与，提出可能的风险和防范机制，工作做到细小处。那个时候，基本上每个月都会去供应商那儿出差，了解情况，帮助发现问题、解决问题，最后终于把不可能通过的供应商变成了合格的供应商。

所以，现场的作用是巨大的，只有现场能告诉我们最重要的问题。遇到特别的、困难的供应商，有的SQE甚至长年累月地驻扎在现场，这不仅对企业有一定的震慑作用，也可提高自己现场解决问题的能力。

（四）第三方咨询公司的现状

1. 汽车行业的咨询公司

欧美的汽车行业的咨询公司还挺有意思，他们一般不同于像四大那样的咨询公司。

汽车行业的技术咨询公司的模式起源于欧洲。因为在欧洲，一般公司的正式员工都是签订长期合同，如果公司辞退一个正式员工，需要支付很多的赔偿金。所以一般大的公司不想招聘很多的正式员工，但是有时项目多，为了弥补人力的不足，他们就会招聘一些咨询公司的员工来临时完成一些项目。在鼎盛时期，曾经有超过万人的咨询外包公司。

在中国，以前大多数人还不能接受这种雇用模式，但是现在，在人力成本不断增加的情况下，很多公司已经接受了这种雇用模式，所以业务已经扩大了很多倍。

在技术咨询公司工作和其他公司有很多不同的地方：

①进入大公司的捷径之一。因为一般咨询公司服务的都是世界500强的公司，如果从正常的招聘渠道，进入这些公司比较困难，但是如果先代表咨询公司在这些大公司工作一段时间，只要你表现得还可以，一般有很

多机会可以转入所服务的公司。

②超级个体，对个人要求比较高。正如罗振宇所倡导的“将来我们每个人都要成为超级个体，能够无限插拔”，在咨询公司可能让你成为这样的个体。当然，这样对个人的要求就大大提高了，可能要求你在不同公司不同的岗位上工作，而且每个岗位的要求都是不一样的，所以这就需要你不断地学习，不断地提高才能适应不同岗位的要求。

2. 供应商质量的提升

精益质量管理推行的切入点是作用工序，主抓的重点是标准化作业，而标准化作业的推行可借助精益生产的5S 工具，开展整理、整顿、清扫等工作，并形成规范化，进而养成好的习惯。

当主机厂觉得这个潜在的供应商还不能达到他们的要求，但是他们又很需要这样的供应商时，一般他们会邀请一个第三方咨询公司进驻这家公司，帮助主机厂提升供应商的质量水平。

5S 的整顿，就是发动群众，全员总动员，划分责任区域，承包责任，然后每天进行5S 执行情况大检查，直到得到供应商的认可。

（1）什么是5S

5S 的内容具体如下：

① 1S 整理定义。区分要与不要的东西。职场除了要用的东西以外，一切都不放置。

目的：将“空间”腾出来活用。

② 2S 整顿定义。要的东西依规定定位、定方法摆放整齐，明确数量，明确标示。

目的：不浪费“时间”找东西，便于发现问题。

③ 3S 清扫定义。清除职场内的脏污，并防止污染的发生。

目的：消除“脏污”，保持职场干干净净、明明亮亮。

④ 4S 清洁定义。将上面 3S 实施的做法制度化、规范化，保持其成果。

目的：通过制度化来维持成果。

⑤ 5S 素养定义。培养文明礼貌的习惯，按规定行事，养成良好的工

作习惯。

目的：提升“人的品质”，成为对任何工作都讲究认真的人。

（2）实例分析

我们的客户是一家有名的汽车供应商，是很多中低档汽车的零部件供应商。近年来，随着汽车行业产量不断增加，该供应商担心将来会生产过剩，所以并没有在硬件做投资，只是增加产量来满足客户的要求，能及时交货就可以了。

在5S方面的主要问题是：

①所有的机器都在漏油。

②半成品过多。

③过道被堵塞。

④很多物品没有定置、定位。

⑤员工没有5S的意识，认为5S是多余的。

⑥量具没有进行及时的校验。

⑦垃圾没有及时清理。

⑧进料区和出料区没有及时分开。

解决问题的步骤：

①根据实际情况进行5S审核，并就发现的问题提出整改计划。我们和工厂的管理团队一起对整个工厂进行每天的5S审核，对于所发现的问题，及时拍照和整改。这种方法能够在短时间内产生很大的改变，但是缺点就是由于员工没有5S的意识，所以这种改变不容易保持。

②划分区域，并指定每个区域的5S负责人。为了能够在整个厂区进行5S的推广，所以必须把整个厂区进行划分。每个区域指定区域负责人，也就是5S工作的责任人，全面负责5S的工作。

第一，对各区域建立相对应的检查表。

根据5S的要求，对各个区域建立检查清单。由于每个区域的情况不同，我们分别建立了仓库、办公室和车间的5S检查清单。

- 仓库区域。主要是关注：先进先出（FIFO）；有没有破损的箱子；

物品的定置定位；物料的标识；消防通道的畅通。

• 车间区域。主要关注：只有必要的物品才留在加工区域；有没有需要保修的东西；任何物品都有位置可放，而且被放在规定的位置上并且有标识；所有的机器、桌子和电线是否整洁整齐；工作区域和设备是否干净整洁；是否有日、周、月的清洁计划并执行；是否有私人物品在工作区域；周转箱是否清洁。

• 办公室区域。主要关注：去除工作台面上不用的东西：工作台面上没有零件、照片和植物；没有个人的物品：定置定位；及时维修。

第二，使用检查表对每个区域进行5S审核，并且把结果汇总到显示板上。5S管理看板如图19－1所示。

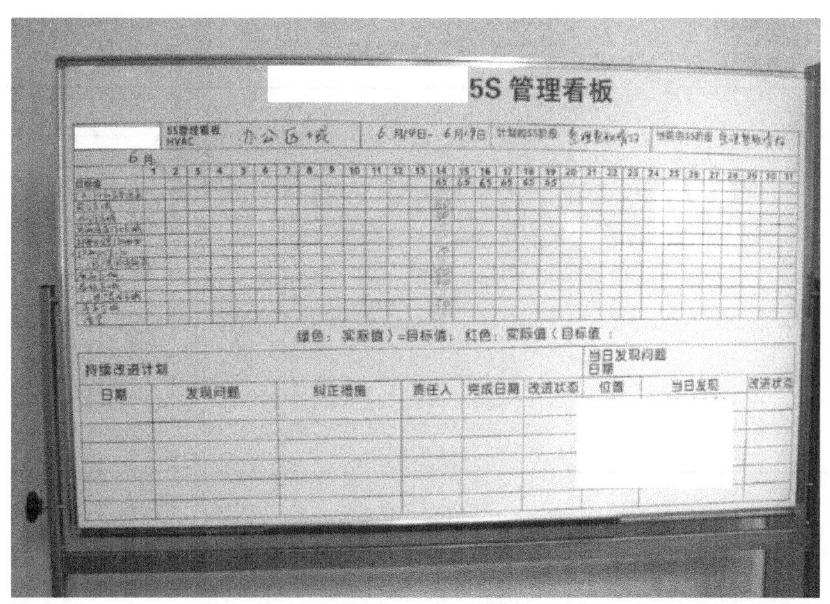

图19－1　5S管理看板

整个工厂被分成几大区域，每个区域设置一块看板，对于每个检查区域由相关的负责人按照检查表进行审核并打分，把打分的结果公布到管理看板上，每天公布发现的问题和责任人，并且就暂时不能解决的问题给出行动计划，包括行动的内容、完成时间和责任人。

该管理看板应该做到每天更新内容，并且跟踪行动计划的完成情况。

第三，管理层加入对每个区域的5S检查，并及时发现存在的问题。

管理层的参加对5S改进的行动有着非常大的作用，所以管理层应参与其中。每周选择一天和一个大区域，管理层到现场参与到区域的5S审核，并就所发现的问题在现场和相关人员做好沟通，并给予相关人员一定的培训。

第四，对每个工位建立5S操作指导书，并检查员工的完成情况。

现在是清扫的时候，对于每个工位建立5S操作指导书，并且提高目视化的水平，对于完成5S的标准状态，拍下照片，让员工能够认识到5S的标准程度，并且能够按照它来完成。

5S看板如表19－3所示。

表19－3　5S看板

5S看板								
周改善计划						发现问题　日期		
日期	问题	行动	负责人	最后期限	进展	地点	问题	状态

5S看板：

①记录每日发现的问题。

②跟踪问题的解决状态。

办公室5S检查表如表19－4所示。

车间5S检查表如表19－5所示。

表 19－4　办公室 5S 检查表举例

办公室 5S 检查表					格式号： 版本/修改号：		
项目	序号	具体事项	分数	总分	纠正措施	完成日期	责任人
整理 10 分	1	是否将不要的东西丢弃或移出（丢弃办公室中不用的抽屉、橱柜、架子、书籍、文件、档案、图表、文具用品、墙上标语、海报、看板）		10			
		总计					
整顿 40 分	1	文件等有无实施定位化（颜色、标记），工具、材料有指定的位子并放在适宜的地方		10			
	2	文件是否按归档规则加以归类，工具材料有标识，需要的文件、材料容易取出并且有明确的责任管理者		10			
	3	1. 没有不安全条件（危险因素）：锐边，倾覆，绊倒，码放的危险。2. 照明充分，没有坏灯泡需更换。3. 没有裸露的电线在地面。4. 应急区域和通道畅通无阻，消防设备前有明显的警示标识且无货物摆放		10			
	4	办公室内私有品是否整齐地放置于一处，私人用品及衣物等定置摆放		10			
		总计					

续表

办公室 5S 检查表						格式号： 版本/修改号：	
项目	序号	具体事项	分数	总分	纠正措施	完成日期	责任人
清扫 清洁 20 分	1	办公桌上摆放整齐，桌面清洁，屏风上/抽屉内是否杂乱		10			
	2	及时打扫和整顿工作及办公区域，有垃圾箱，及时清空，放在适当位置		10			
		总计					
设备 维护 10 分	1	所有物品的故障被识别出来，并通知以待修理		10			
		总计					
沟通 20 分	1	及时更新，公告栏没有过期的公告物品		10			
	2	员工的工作服着装状况和清洁度，生产车间员工必须着工作服、工作鞋，办公室员工着装以商务休闲为主，整洁大方		10			
		总计					
		最终总计得分					

续表

办公室5S检查表						格式号： 版本/修改号：	
项目	序号	具体事项	分数	总分	纠正措施	完成日期	责任人
		确认人：			检查人：		
		日期：			日期：		
	0	严重不满足要求，很差					
	4	大部分不满足					
	6	少部分需要整改					
	8	基本满足要求					
	10	完全满足要求					

表 19－5　车间 5S 检查表举例

5S 检查表						格式号：	
						版本/修改号：	
项目	序号	具体事项	分数	总分	纠正措施	完成日期	责任人
整理 10 分	1	移出下列物品：不用的架子和容器。不经常使用的工具和设备，非立即需要的物品，废品或可疑材料，剩余的维护材料，过量或失效的库存零件和材料		10			
		总计					
整顿 40 分	1	工具、材料有指定的位置并放在适宜的地方；加工中材料、待检材料、成品、半成品等分开放置和堆放整齐		10			
	2	工具、材料有标识；是否保证物料的先进先出		10			
	3	1. 材料、工装、夹具离开地面。2. 没有不安全条件（危险因素）：锐边，倾覆，绊倒，码放的危险。3. 照明充分，没有坏灯泡需要换。4. 没有裸露的电线在地面。5. 应急区域和通道畅通无阻，消防设备前有明显的警示标识且无货物摆放		10			
	4	及时更换破损的包装箱		10			
		总计					

续表

5S 检查表						格式号：	
						版本/修改号：	
项目	序号	具体事项	分数	总分	纠正措施	完成日期	责任人
清扫清洁20分	1	工具、设备、工作台、料箱、桌案保持清洁（没有尘土、碎屑、废料、油污和其他异物）		10			
	2	有垃圾箱，随时清空，放在适当位置		10			
		总计					
设备维护10分	1	所有故障检修项目被识别出来，以待修理，并做好点检和记录		10			
		总计					
沟通20分	1	作业指导书、保养卡、点检表定位放置，及时更新和定期记录		10			
	2	及时打扫和整理工作区域。员工的工作服着装状况和清洁度		10			
		总计					
		最终总计得分					
		确认人：			检查人：		

续表

5S 检查表						格式号：	
						版本/修改号：	
项目	序号	具体事项	分数	总分	纠正措施	完成日期	责任人
		日期：			日期：		
	0	完全不满足要求					
	4	很少满足要求					
	6	部分满足要求					
	8	基本满足要求					
	10	完全满足要求					

使用检查表对每个区域进行5S审核，并且把结果汇总到显示板上，如表19－6所示。

表19－6　5S审核结果

5S看板																															
月：																															
	1	2	3	4	5	6	7	8	9	10	11	12	13	14	15	16	17	18	19	20	21	22	23	24	25	26	27	28	29	30	31
Target																															
Cell1																															
Cell2																															
Cell3																															
Cell4																															
Cell5																															
Cell6																															
Cell7																															
Cell8																															
Cell9																															
Cell10																															
Cell11																															
Cluster																															

（五）一点感悟

1. 专家型人才

如果是技术人才，一般有两种上升通道：一种是专家型工程师；另一种是管理人才。所以，一般到一个岗位的时候，你的领导就会问你，你将来是想往专家型还是管理型的人才方向发展。如果是想往专家型的人才方向发展，那么他们就要求你成为专家，对你自己的业务要比较精通；如果是想往管理型人才方向发展，那么你就要熟悉一些项目管理的内容，将来要做一些项目管理的工作。有的人在一个公司的一个位置上待了10年，基本上就成为专家型的人才了。

2. 关于职业化的着装

一般在办公室工作都对着装有一定的要求。男士需要打领带，女士一般也要求穿衬衫，基本上是工作装、职业装，这样就可以创造一个比较职业化的工作氛围。如果到客户那里，人家也会觉得你是比较专业的。头发、鞋子，都弄得比较干净，这有利于树立公司形象。

参考文献：

1. ［美］詹姆斯·摩根．［美］杰弗里·莱克．精益产品开发系统［M］北京：人民邮电出版社，2017.01

二十、我在外企的一些经历

（一）外企的周会

一般汽车行业有个惯例，周一早上必须开周会。所以，周一的早上，大家都会早早地来到公司，准备一下自己的工作总结，以便在会议上能够回答别人提出的问题。

一般 10 点一到，大家都会去楼上的已经由经理助理预定好的会议室。会议室的设计也比较有意思，正面有一个大大的屏幕，可以投影。中间有一个长长的玻璃台，玻璃台的高度大概有 1.5 米，四周也没有凳子。也就是说，20 来人只能围着台子站着开会，不过有的时候站着开会的效率很高，也可能因为是早晨，头脑也比较清醒。

开会的第一个议题，一般就是整个部门的行程清单，我们都会把自己这周的行程安排填到这个表里，比如哪一天、去什么地方、目的是什么。这样从这个表里，大家的行程一目了然。特别是快到时间节点的时候，往往整个部门全体出动。

在这个过程中，要随时准备回答经理的问题，比如这家供应商过去有什么问题，现在有什么问题，是如何解决的，什么时候能够解决，还有什么困难，需要怎样来协调，等等。有个同事，出差了就像失踪了，电话不接，邮件不回，考评结果可想而知。

经理是个四十出头的男士，走路像风一样，可以连续工作 20 小时，思维很快，对每个供应商都很了解，所以你得随时能够回答他的问题，否则跟不上他的节奏，你就会给他留下不好的印象，这样对你来说自然是不好的。

行程清单如表 20 - 1 所示。

表 20－1　行程清单

	1	2	3	4	5	6	7	8	9	10	11	12	13	14	15	16
张三																
李四																
王二																
……																

会上大家就会讨论这周遇到的一些重要问题，可以畅所欲言，发表自己的意见。然后，新的一周就开始了。

（二）外企的周五学习会

一般到了周五都是出差的同事回公司的时候，周五的下午都会举办一个周五学习会。目的就是和部门的同事分享一下自己这周访问供应商的结果，以及给供应商做风险评估的结果。

我们会到顶楼找一个大一点的会议室，这样大家就可以坐下来，聚精会神地聆听报告。

一般都是 SQE 去展示自己所做的 PPT，简单且尽量详细，然后大家会给一个评论。

这种会议的好处就是大家都可以了解其他供应商的情况和所遇到的问题，这样就可以在自己今后的工作中改进。其实，外企当中每个人都是一个螺丝钉，所以互相学习是最经济和最有效的方法。我自己也从中学到了不少好东西。

学习型组织中，管理者的首要责任是指导和培养工程师。还有在生产过程中，边验证，边改进，边总结，边学习。另外，还要不停地学习新的技术和新的观念。

例如：后来我在另一家企业的时候，我们的老板也采用了类似的方法。首先，他把部门的每一项工作都写成程序文件，然后在小组里分工，每个人负责几个程序文件的更新和培训。每当有新的员工进来，自己内部就可以进行培训，因为只有自己做过才最了解。这样不但提高了培训的效率，也节省了成本，真的是一个不可多得的好办法。

（三）面对面会议（Face to face meeting）

一般每个月的第三个礼拜的周四上午，我都会早早地来到公司，打开电脑，把早已准备好的问题和文件打开，然后8点不到，就去楼上早已定好的会议室，静静地等待我的上司的到来。8点一到，我的上司就会准时地出现在会议室。

然后我们就开始只有我们两个人参加的面对面会议（Face to face meeting）。

首先，我会打开我的文件，聊聊这个月的工作，完成了多少，有什么问题，我接下来准备做什么。上司一般会边听边提意见。我有些不明白的，也会向他提问，有些重要的问题，我一定试图让他听明白，当然我也要注意表现自己，对于一些薪水、升职方面的比较隐私的问题也可以和他提出来。

主题：与老板回顾过去，展望未来。

目的：

①与上司单独沟通的桥梁。

②让上司知道自己的工作，听听他的意见和他一起讨论后面的工作。

③自己也能了解上司的意图，以便以后工作能让老板满意。

④当然也可以和老板聊聊家常，是一个互相了解的过程。

根据会谈的结果，经理会概括出可改进之处，并制定一个相应的行动计划，它将成为下一次面谈的衡量标准。这样一来，每位工程师都会有一个用来衡量自己的具体目标。

即使经理长时间出差在外，员工的工作也能照常进行。

（四）我所遇到的法国老板 Ben

这是个平静的一天，没什么特别的。中午吃饭回来，随便翻翻微信，忽然发现一条我原来的老板 Ben 的微信留言，祝贺我生日快乐。这才想起来，今天是我身份证上的出生日期，而我真正的生日不是这一天，所以也就没太关注。我已经离开这个公司1年多了，而我的前老板还记得我的生日，并给我发来祝贺。我深深地被这个老板的细致所感动。在当今这个社会，大家都忙于工作和生活，除了你的家人和好朋友，没有几个人会记得你的生日，并给予祝贺。

Ben 是个法国人，一般法国人给人的印象是比较悠闲和懒散，但是这些在 Ben 身上完全看不到。这家法国公司历史悠久，在法国就像国企一样。而 Ben 在里面也工作 20 多年了，就是什么都不干，也可以混到退休了，可是从 Ben 身上完全看不到混日子的影子。我们一般都是 9 点上班，18 点下班。但是 Ben 每天 8 点就到公司了，一般 21 点才离开，好像有用不完的劲儿。到了公司也不像其他法国同事围在一起喝咖啡、聊天，而是完全投入自己的工作中，开会或者阅读电子邮件。可以看出，Ben 是真心地热爱这家公司，因为看到一些问题，他总是积极地提出来，希望能够找到解决的方法，不要给公司造成损失。做任何事情都是从公司的角度出发，以公司的利益为己任。

Ben 虽然是我们的领导，但是私下里就像朋友一样。这个公司有个传统，大家中午都一起吃饭，在饭桌上也会聊家常。

在 Ben 手下干活是幸福的。当我们部门的人和其他部门有争议的时候，Ben 总是站在前面为我们说话，让我们干起活来自信满满。Ben 是质量管理出身，很注重程序文件的建立，他希望我们的每一项工作都按照一定的程序，用一个统一的标准来评价。每当有新人来，只要翻翻程序文件就可以上手干活。他也很重视对看板的设置，任何工作在看板上一目了然。每个月，Ben 都会和我们单独沟通一下，所以他对我们的工作都比较了解，也会时时提出自己的建议和评价。因此，有时候 Ben 去度假或出差，即使很长时间不在公司，我们部门的工作照样运行得很好，这也是我以前没有遇到的。

一个男人，热爱自己的工作，热爱自己的家庭，善待下属，热爱生活，真是人生赢家。祝福他的未来更加美好。

（五）SQE 的出差文化

1. 外企出差的制度

出差是 SQE 的日常，因为供应商常常不在一个地方，又不能坐在家里指挥，所以必须出差去现场。

（1）计划

公务出差必须安排和计划，确保高效。

当长途旅行的时候，出差的职员应该在工作开始的前一天到达目的地，回程应该被计划在出差任务结束的同一天。

（2）商务旅行的要求

①出差应该考虑尽量采用高铁出行，较远的地方才采用飞机出行。

②在商务旅行的前两周，旅行请求必须被提交到负责人。

③机票的预订必须通过中介机构，必须有合适的授权。对于一些特别的航班，没有负责人的签名、电子邮件或者手写的预批准，是不允许出票的。

④旅行中介机构被要求预订最经济的航班。

⑤要求入住合同酒店。

⑥出差报销必须在返回以后两周内完成，必须在商务旅行的同一年内完成。

2. 外企出差的酸甜苦辣

我在很多公司工作过，对各个公司的出差印象还是比较深刻的。

（1）出差申请报告非常具体

出差之前，我们要准备一份详细的出差申请报告，不仅包括出差的具体内容，还要包括具体的行程安排，是具体到小时的。当你去找领导签字的时候，领导也会一项项地查看，如果觉得行程不需要两天，就会被要求在一天内完成。

（2）非常紧凑的行程

如果你觉得出差就是吃喝玩乐，那就大错特错了。一般都是周一出发，周五回来和老板汇报。通常提前一天到达目的地，很晚到酒店。第二天早上吃了早饭离开酒店。一般应酬完了，到酒店也是晚上八九点了。回到酒店以后，你还得回电子邮件、写报告、打电话。一般在回程的飞机上还得发一份出差报告的电子邮件给老板。整天都处于工作状态，神经紧张。夏天的时候，雷阵雨频繁，飞机晚点也是经常的事情，曾经有一次，早上5点才到达目的地，当然是没有办法上班了，回家倒头就睡。

（3）高规格的酒店

公司一般都要求员工居住五星级的酒店，因为在公司看来，他们的产品是五星级的，那么员工只有享受五星级的服务，才能制造出五星级的产品，才有五星级的形象，所以在这方面公司从来不吝啬花钱。同时，也要求员工衣着得体大方代表公司的形象。

（4）供应商的尊敬

公司准备在中国求大发展的时候，供应商普遍对公司又爱又恨。恨的是，它对供应商的要求高，无论是对产品的物流、质量还是价格，都有严格的要求，所需要的投资高。在成为供货商的前几年，供应商根本不可能赚到钱，因为投资生产设备和工装需要资金，一般开发的周期也在两年以上，所以两年之内只有投入，没有收益。如果没有一定的实力，还真的吃不下这碗饭。爱的是，它是汽车行业的著名品牌，如果搭上了这条船，以后出去就是免费的广告。宣传的时候，一提起是该公司的供应商，别人立刻对你高看几眼。即使是赔本赚吆喝，大部分供应商对公司还是有求必应，所以供应商管理的效率还是很高的。

（六）我所遇到的欧洲同事

因为是公司在中国新建的采购中心，所以一半的员工来自欧洲，充分体会了欧洲公司的工作氛围，虽然在这家欧洲公司待得时间不长，也了解了欧洲人鲜明的个性特点。我觉得最大的特点就是热爱，员工都很热爱这个品牌，对工作有激情。

热爱是最好的激励，比任何金钱的、物质的奖励都更有效果。

就拿我的同事马克思来说，他就是这样的一个人。他高高的个子，金黄色的头发，虽然30多岁，可是已经在公司工作20多年了。一开始是以学徒工身份进入公司实习，然后边工作边学习，在公司的不同部门和不同的岗位工作，因为公司足够大，有足够多的职位，所以他一般5年会换一个岗位，而且可以在全球工作，只要去申请，对方部门的领导也接收，就可以换岗位。所以，他已经在北美和非洲工作过将近10年，现在又申请来中国工作，还将家人一起接来，真是把公司当作家。每当说起公司的车型他都如数家珍，眼睛里闪烁着喜悦的神情，这样做工作，怎么能不开心呢？

这几乎是很多欧洲公司员工典型的职业生涯，16 岁以学徒工身份进入公司，然后边学习边工作，技能一段段地提升，在公司不同的部门轮换，职位也不断提高。在全世界不同的地方工作，开开心心工作几十年，经历成家立业、生儿育女，然后光荣退休。虽然现在科技发展得很快，但是在欧洲汽车行业这种模式变化不大。当然，近年来也有不少公司的技术人员跳槽到新的互联网企业，但是汽车行业毕竟是高技术含量的行业，需要技术长期的积累，所以现在还看不出互联网汽车企业的优势，但是这肯定是将来的趋势，只是需要时间。有激情是好的，但是必须满足科学的规律，需要时间的积累。

当然，员工热爱公司，公司也同样善待自己的员工。

公司觉得，既然自己的产品是五星级的，那么自己的员工也应该享受五星级的待遇，只有员工体会到了五星级的待遇，才能把自己的产品做到五星级的高要求、高标准。

例如：公司员工出差一般是入住五星级的酒店和使用飞机这样的交通工具，就是实习生也是享受同样的待遇，出差补贴也给得非常到位。

新入职的员工一般会派到欧洲培训一个月，并且指派专门的导师一对一地培训，所以只要你用心，完全可以很快地进入角色。

外派到其他国家，家人和小孩也可以一同前往，待遇也提高不少。在一个职位上工作太久了，也可以调换不同的岗位。总的来说，对员工是善待的。

当然，公司善待员工，也希望员工给予公司足够的信任，所以对员工的要求也是很严格的，甚至有点军事化管理。比如很多小的方面都要求很细，出公差可以用公司的车，但是如果有人看到你公车私用就会被开除；出差的里程必须由公司统一分配；出差在外地也必须及时回复上级的电话，如果不能回复，必须说明情况，如果工作表现不好，会被领导直接“发配”回国，评语不好，就没有其他部门接收了，尽管该员工在公司工作了很多年，也会被无情地开除，等等。可能在其他公司是小事，但在这家欧洲公司就是大事，公司希望百分之百地信任你，但也希望得到你百分之百的信任。爱得深，但也恨得深，非黑即白。他们最不喜欢你说“maybe，I think”（可能是我想），他们觉得不够准确和清楚。

这种文化和中国的中庸之道有着明显的差别，一开始真的不适应，必须小心翼翼。虽然一开始有压力，但是习惯了，觉得这样行事省去了很多不必要的成本，公事公办，反而提高了效率。

（七）中德职业教育方式的不同

1. 德国“双元制”的职业教育

职业教育在德国得到重视，并且成为德国强大工业的基石。而德国实行职业教育最主要的特点是“双元制”（也称双轨制），它也是推行职业教育最成功的关键。“双元制”的主要特点是，同时有两个上课的地点，有两个施教主体，也就是在企业和职业学校中进行教学。学员一般每周在有培训资质的企业里接受3～4天的实践教育，在职业学校里接受1～2天的理论教育。职业学校的教学任务主要是以专业理论来辅导和提高学员在企业中的实践培训成果，以加深和补充普通教育的任务。大约60%是专业课程，40%是普通教育课程。

据有关资料介绍，企业内培训可分为以下五大类：

一是工业教学车间培训。

二是非系统的工业培训。

三是传统的手工艺培训。

四是办公室和服务业的系统培训。

五是办公室和服务业的非系统培训。

2. 中国职业教育中的问题

①传统观念中技师和匠人的社会地位普遍不高。一般技师和匠人的入门门槛比较低，所以水平参差不齐，因此很多从业者得不到社会的认可。

②政府有政策，但是执行起来很艰难。一般大家都比较重视高等教育，对职业教育还是有一定的社会偏见，不过这种情况正在政府的推动下

得到改善。

③企业找不到合作的利益点，所以参与职业教育的积极性不高。

3. 莱茵公司的职业教育

我这里要介绍一下莱茵公司，我身边的德国职业教育。

由于中国汽车行业起步较晚，所以国内的行业标准与国际标准存在一定差异而且获得质量认证是进入汽车行业的门槛。所以外国的认证公司在中国的业务发展得很好。就如我知道的德国莱茵公司，它在中国深耕了20多年，也经历了中国汽车行业成长的黄金20年。从新媒体大厦的一层办公室到现在的3座大楼，另外还在中国香港、广州、上海、厦门、中山、宁波、青岛、无锡等地建立了分公司。除了质量认证和咨询业务，做得最多的就是质量和安全方面的职业培训，提供质量管理、卓越运营、企业社会责任与可持续发展、焊接技术、汽车技术与售后服务、职业教育六大领域近300个培训主题的标准课程，目前还积极探索工业4.0趋势下质量工程应该做什么样的变化。当然收费也是不低的，在中国汽车的职业教育领域占领了很大的市场份额，而且很多时候占有垄断地位。所以，里面的老师自称是在“国企”工作。这也从另一个方面说明中国职业教育的落后，也是值得我们反思的。

（八）外企怎样培养新进的员工

1. 师徒制

一进公司就拿到一张课程清单，里面是工作中所需要用到的各种工具，还有谁负责讲解。因为一般的大公司都有很多自己的内部软件，一般是不对外公开的，所以需要学习。于是，我就拿着这个清单和各个老师约时间，老师都是对各个工具很熟悉的人，因此，讲解得很清楚，再加上自己练习，所以很快就掌握了相关知识。

2. 在实践中学习

一进公司，在熟悉了基本情况后，第二周我就出差了，跟着一个师傅去审核供应商，其实我就是跟着，看师傅怎么做，还做翻译。跟了几次以后，由于有以前的工作经验，我就学会了，很快就上手了，所以从实践中学习是最快的。

3. 做好螺丝钉

以前经常和上司谈工作的目标，我们的老板说每个人应该成为某个方面的专家。我的一个外国同事，做了 5 年的质量管理，又去做了 5 年的采购工作。在一个岗位上深耕是外企的常态，如果人员流动比较频繁，做到积累不容易，因为很多事情是需要时间的积累和沉淀的。

附：中德法英汽车工业用词的不同

德语表达	法语表达	英语表达	中文表达
PZS		process audit/VDA6. 3	过程审核/VDA6. 3
		ramp up	爬坡
		VDA6. 3 Tooling buy off	VDA6. 3 工装完成
		ISIR	初始样件检验报告
		PPAP	生产件批准程序
		AP buy off	试生产完成
		APQP	先期产品质量策划
	Retex	experience feedback	经验反馈
		lesson learn	经验总结
		DOC（Direct Ordering Confirmation）	直接订货确认
		RG：Maturity level	成熟水平
		PC：Cubing	匹配
		PIH：Part in House	零件到位
		PVL：Process Pre Runner	提前过程启动
		VS：Preseries	提前过程审核
		AP：Start up Production	试生产
		SOP	批产开始

老板·创业			
一、经理人			
书名	内容	书名	内容
老总有想法，高层有干法 王清华　著	企业将、帅之间的定位问题、角色问题、方法问题、思维问题、管理问题等	**历史深处的管理智慧1：组织建设与用人之道** 刘文瑞　著	通过历史鉴照当今企业选人用人、二代接班人、创业团队管理等问题
历史深处的管理智慧2：战略决策与经营运作 刘文瑞　著	通过历史鉴照当今企业决策、战略规划、战略冒进、决策监督等问题	**历史深处的管理智慧3：领导修炼与文化素养** 刘文瑞　著	通过历史鉴照当今企业的领导修养、用权、管理风格等问题
老板经理人双赢之道 陈　明　著	经理人怎养选平台、怎么开局，老板怎样选/育/用/留		
二、用人			
用好骨干员工 王　敏　著	系统化分享关键人才打造与激励方法	**领导这样点燃你的下属** 孟广桥　著	领导者如何才能让员工积极主动地工作
让用人回归简单 宋新宇　著	帮助管理者抓住用人的要害，让用人变得简单		
三、转型·创业			
创业要过哪些坎 董　坤　著	15年创业咨询经验总结的创业遇到的问题及办法	**高潜牛人** 董　坤　著	创业和事业发展中如何找到牛人
成为下一个SaaS独角兽 崔牛会　主编	19位SaaS领专家，7个不同的视角总结SaaS行业实践	**创模式：23个行业创新案例** 段传敏　著	CEO社群23位企业家的思考与实践分享。
重生——中国企业的战略转型 施　炜　著	本书对中国企业战略转型的方向、路径及策略性举措提出了建议和意见。	**7个转变，让公司3年胜出** 李　蓓　著	企业估值、业务模式、营销、生产制造、客户服务、用户黏性到组织管理7个转变
企业二次创业成功路线图 夏惊鸣　著	五步骤给出了一幅企业二次创业经营突破、管理提升的成功路线图	**跟老板“偷师”学创业** 吴江萍　余晓雷　著	如何通过“偷师”学习与积累当老板的阅历
公司由小到大要过哪些坎 卢　强　著	企业成长路线图，现在我在哪，未来还要走哪些路，都清楚了	**跳出同质思维，从跟随到领先** 郭　剑　著	66个精彩案例剖析，帮助老板突破行业长期思维惯性
企业经营			
经营打造你的盈利系统 高可为　著	选择最有效的经营策略，打造属于自己的商业模式	**中国企业的觉醒** 王　涛　著	企业告别自私、野蛮，转向善良、爱，才会赢得消费者
成为敏感而体贴的公司 王　涛　著	未来有竞争力的企业，一定是那些敏感而体贴的公司！	**有意识的思考** 王　涛　著	对头脑中固有观念保持觉察，从而超越它们的局限
简单思考 孔祥云　著	著名咨询公司（AMT）CEO创业历程中的经验与思考	**写给企业家的公司与家庭财务规划** 周荣辉　著	以企业的发展周期为主线，写各阶段企业与企业主家庭的财务规划

续表

书名	内容	书名	内容
从10亿到100亿的企业顶层设计 刘建兆 著	重新定义企业成长方式，有效益、有效率、有效能、有效果、有品质的良性成长。	**活系统：跟任正非学当老板** 孙行健 尹贤 著	造活系统，使系统活，靠系统活，活得系统。
宗：一位制造业企业家的思考 刘建兆 著	发展20年营业额近亿元制造业企业家的思考与心得	**使命：驱动企业成长** 高可为 著	用大企业发展轨迹及企业家的心路历程，揭示企业成长的基因，做事的逻辑
让经营回归简单 宋新宇 著	战略、客户、产品、员工、成长、经营者的经营法则	**边干边学做老板** 黄中强 著	86个案例讲述中小公司成长过程遇到的问题和方法
盈利原本就这么简单 高可为 著	跨越业务与财务边界，为企业提高盈利水平提供方法。		
综合管理			
一、企业管理			
让管理回归简单 宋新宇 著	从目标、组织、决策、授权、人才、老板自己等提供方案	**管理的尺度** 刘文瑞 著	西医式的体检化验，又要施加中医式的望闻问切
管理：以规则驾驭人性 王春强 著	人性驾驭角度权度运筹安排的可兑现性，管理有效性	**看电影，学管理** 刘文瑞 著	十六部电影的解读，揭示电影内含的管理之道
好管理 靠修行 曾伟 著	从佛法、道法思想中寻找管理智慧	**公司大了，怎么管** 金国华 著	成长型企业发展中的共性问题，通过案例实录解开
低效会议怎么改 王玉荣 葛新红 著	从梳理公司会议体系的层面改变低效会议的现状	**年初订计划年尾有结果** 郭晓 著	总结七步落地方案让战略计划切实落地实现
分股合心 段磊 周剑 著	围绕股权激励，详细介绍相关知识和实行方法	**员工心理学超级漫画版** 邢磊 著	漫画形式对组织中个体心理的全面介绍和深入探讨
让投诉客户满意离开 孟广桥 著	投诉法律法规，应对各种投诉技巧等提升客诉能力		
二、管理思想			
管理学的奠基者 刘文瑞 著	近代以来的管理思想发展揭示管理思想的演化奥秘	**巴纳德组织理论研读** 郭威 著	深度研读巴纳德《经理人员的职能》，帮你理解和看懂
管理学在中国 刘文瑞 著	科学看待管理学流入中国，对继承发展进行深入阐述	**德鲁克管理学** 张远凤 著	以德鲁克管理思想发展为线展示20世纪管理学发展
德鲁克与他的论敌们 罗珉 著	德鲁克与马斯洛、戴明等诸多管理大师论战的故事	**德鲁克管理思想解读** 罗珉 著	作为德鲁克学生全面解构其思想的精髓与实践价值
治论：中国古代管理思想 张再林 著	深入分析中国古代哲学基本精神的基础上，梳理分析了儒法墨三家的管理思想		

续表

营销·销售			
一、企业销售			
书名	内容	书名	内容
大客户销售这样说这样做 陆和平　著	大客户销售活动的十大模块，68个典型销售场景	**向高层销售** 贺兵一　著	销售人员与客户高层打交道需要重点掌握的知识、技巧
资深大客户经理 叶敦明　著	将大客户经理必须具备的规划、策略、执行三种能力连通自如	**成为资深的销售经理** 陆和平　著	让销售经理成功把握销售管理6个关键点，并提供工具
销售是个专业活 陆和平　著	据客户采购流程拆分销售过程10阶段，讲解方法技巧	**学话术　卖产品** 张小虎　著	手机、电动车、家电、食品等消费品的一线销售话术
二、企业营销			
新营销组织力 迪智成　著	适应最新数字化外部环境，系统化协同组织能力建设	**营销按钮** 老　苗　著	讲述存在于人性以及各个营销环节中的“按钮”
精品营销战略 杜建君　著	“精品营销战略”核心逻辑与营销组合策略	**360°谈营销** 王清华　古怀亮　著	营销是立体的，从不同角度观察不同企业的营销精髓
互联网精准营销 蒋　军　著	互联网时代整3体策划、包装品牌和产品	**招招见销量的营销常识** 刘文新　著	做好基本的营销动作都可以提高销量、减低成本
用数字解放营销人 黄润霖　著	用数字说话覆盖营销工作的方方面面	**用营销计划锁定胜局** 黄润霖　著	让营销计划落地，营销人员只需解决两个问题：基数与概率
我们的营销真案例 联纵智达研究院　著	五芳斋粽子、诺贝尔瓷砖、利豪家具、保健品、娃哈哈	**中国营销战实录** 联纵智达研究院　著	51个案例，46家企业，46万字，18年积淀
弱势品牌如何做营销 李政权　著	产品与物流通道、服务通道、促销互动通路提供方法	**解决方案营销实战案例** 刘祖轲　著	十大工业品作者实操案例解码解决方案营销
升级你的营销组织 程绍珊　吴越舟　著	根据企业实际情况建立有机性营销组织	**变局下的营销模式升级** 程绍珊　叶　宁　著	十年大量案例归纳三种核心驱动要素，三种升级方向
老板如何管营销 史贤龙　著	以十六个招式，理论与案例相结合，高段位营销方法	**孙子兵法营销战** 刘文新　著	理解《孙子兵法》原意的同时，还可体悟到营销之用
三、品牌			
中国品牌营销十三战法 朱玉童　著	深度演绎最符合企业品牌营销策划的十三套实战战法	**中小企业如何打造区域强势品牌** 吴　之　著	如何建立强势品牌的角度解析扩张难题
四、营销策划			
这样写文案，就没有卖不动的产品 秦　剑　刘安丽　著	术、法、道三个层面由浅至深培养商业文案创作能力	**洞察人性的营销战术** 沈　坤　著	介绍了28个匪夷所思的营销怪招，大部分甚至可以直接运用

续表

书名	内容	书名	内容
双剑破局：沈坤营销策划案例集 沈　坤　著	双剑公司8年来的实操案例，每个项目诞生过程、策划角度和方法		
企业案例			
鲁花：一粒花生撬动的粮油帝国 余　盛　著	鲁花如何成长为优秀的带动农业产业发展的品牌，鲁花你一定学得会	**金龙鱼背后的粮油帝国** 余　盛　著	以金龙鱼为脉的一部中国粮油行业的史诗
你不知道的加多宝 曲宗恺　牛玮娜　著	以时间为轴线，详细叙述了加多宝品牌的发展历程	**静水流深** 黄治国　著	作者在美的十五年对何享健近内部讲话资料的整理
娃哈哈区域标杆 罗宏文　快车君 赵晓萌　寇尚伟	讲娃哈哈豫北市场如何成为娃哈哈全国第一大市场、全国增量第一的市场	**借力咨询：德邦成长背后的秘密** 官同良　王祥伍　著	德邦将自己积累的与咨询公司发展共赢的合作逻辑和盘托出
六个核桃凭什么从0过100亿 张学军　著	全视角深度解读养元企业的裂变成长，复盘十年蜕变轨迹	**像六个核桃一样** 王　超　著	六个核桃为什么卖得这么好，产品畅销的6大要义36条简明法则
中国首家未来超市 IBMG 集团　著	对乐城超市的掌门人及内部员工的采访详细阐释了乐城的经验	**三四线城市超市如何快速成长：解密甘雨亭** IBMG 集团　著	甘雨亭的许多关键经营指标均高于行业标准，学习其成功的方法
集团化企业阿米巴实战案例 初勇钢　著	作者在某酒厂推行阿米巴经营模式的心得		
经销商			
新经销：新零售时代教你做大商 黄润霖　著	探访近100位经销商在传统营销手法上的创新，传统营销微创新和新营销本地化	**商用车经销商运营实战** 杜建君　王朝阳 章晓青　著	对商用车经销商的经营与管理、4S店运营做了全方面的系统总结
跟行业老手学经销商开发与管理 黄润霖　著	从管理耐用消费品经销商角度提炼了48个代表性问题并给出解决办法	**快消品经销商如何快速做大** 黄润霖　著	经销商如何通过经营实现规模，通过管理实现规模效益
建材家居经销商实战42章经 王庆云　著	经营管理的心法和战法，帮助经销商成为“业务妙手”和“管理能手”	**成为最赚钱的家具建材经销商** 李治江　著	针对建材家居行业的经销商，从销售模式、产品、门店、市场等方面给出方法
白酒经销商的第一本书 唐江华　著	经销商如何选择厂家、合作、运营品牌等问题给建议	**快消品招商的第一本书** 刘　雷　著	从招商理论到招商动作进行系列化分解，化繁为简
中小企业			
中小企业如何打造区域强势品牌 吴　之　著	如何建立强势品牌的角度解析扩张难题	**用流程解放管理者** 张国祥　著	8个板块构成，共66篇文章，14幅流程管理图
用流程解放管理者2 张国祥　著	对中小企业规范化流程管理进行系统的阐述	**弱势品牌如何做营销** 李政权　著	产品与物流通道、服务通道、促销互动通路提供方法

续表

书名	内容	书名	内容
本土化人力资源管理8大思维 周　剑　著	用最贴近中国中小企业现实管理情境的案例去讲述周围人的"家事"	**中小农业企业品牌战法** 韩　旭　著	农业企业需要全产业链视野，更需要品牌实战方法
门店销售冠军复制系统 王吉坤　著	门店型企业如何打造可复制的销售冠军系统，凡是门店型企业都可以使用	**新零售动作分解与实操：建材·家居·家具** 盛斌子　著	对泛家居行业趋势、店面管理、团队管理、促销推广、五感营销等提供策略
家具建材促销与引流 薛　亮　李永锋　著	对泛家居营销执行模式和工具、关键环节等进行汇总	**建材家居门店6力爆破** 贾同领　著	产品力、导购力、形象力、推广力、服务力、组织力
家具行业操盘手 王献永　著	总结家具终端门店发展的现状及问题并给出策略	**手把手教你做专业督导** 熊亚柱　著	系统梳理督导的核心技能，岗位职责、工作流程及技能
手把手帮建材家居导购业绩倍增 熊亚柱　著	针对建材家居门店的业务人员，案例故事还原场景教你成为好导购	**10步成为最棒的建材家居门店店长** 徐伟泽　著	梳理店长管理的核心工作职责，店面管理规范和帮助销售人员成长
建材家居门店销量提升 贾同领　著	9个板块讲述建材门店一个单店如何做到经营的良性循环	**总部有多强大，门店就能走多远** IBMG集团　著	五大方向综合阐述连锁零售企业总部如何提升管理能力
赚不赚钱靠店长，从懂管理到会经营 孙彩军　著	注重专卖店的经营思路拓展，门店管理细节方面能力提升	**新医改了，药店就要这样开** 尚　锋　著	从药店定位的思考，内部和会员管理等几个方面探讨中小型药店发展方向
		门店管理	
电商来了，实体药店如何突围 尚　锋　著	新时代药店经营三驾马车：药学专业服务、会员贴心服务和精准定向促销	**引爆药店成交率1：店员导购实战** 范月明　著	药店人的零售工作怎样接待顾客，完善销售技巧
引爆药店成交率2：药店经营实战 范月明　著	从药店经营角度如何建立改善门店现状的实用标准	**引爆药店成交率：专业化销售解决方案** 范月明　著	从简单的拿药服务到提供多角度的专业解决方案
		互联网	
一、互联网转型			
画出公司的互联网进化路线图 李　蓓　著	18个"可以……吗"的问题作为你产品、客户和价值方面的指引牌	**7个转变，让公司3年胜出** 李　蓓　著	企业估值、业务模式、营销、生产制造、客户服务、用户黏性到组织管理7个转变
重生战略移动互联网和大数据时代的转型法则 沈　拓　著	四个重生战略对应四个法则告知传统企业的转型重生之路	**创造增量市场：传统企业互联网转型之道** 刘红明　著	为读者提供了寻找这些互联网的切入点和接触点的具体方法，带来增量市场
互联网+变与不变 本土管理实践与创新论坛　著	61篇精华文章，聚焦传统行业如何互联网+时代转型	**今后这样做品牌** 蒋　军　著	顶层设计、营销创新、产品战略、渠道变革、品牌策略
移动互联新玩法 史贤龙　著	立足现实，剖析新时代背景下的移动互联趋势与热点	**互联网时代的成本观** 程　翔　著	多维组合成本的互联网精神和大数据特征及应用

续表

书名	内容	书名	内容
正在发生的转型升级实践 本土管理实践与创新论坛　著	100多位本土管理专家当年对最新一年的思考和实践	**1000铁杆女粉丝** 张兵武　著	如何让普通女性成为忠实追随的铁杆粉丝，磁力点、情感结、甜蜜区、信任圈
混沌与秩序Ⅰ：变革时代企业领先之道 彭剑锋　施　炜 苗兆光　王祥伍 孙　波　夏惊鸣	新环境下企业面临变革应如何应对，作为企业家又应当如何坚守并与企业共同成长提出了深度思考	**混沌与秩序Ⅱ：变革时代管理新思维** 彭剑锋　施　炜 苗兆光　王祥伍 孙　波　夏惊鸣	对处于时代变革下的企业管理新机制、人力资源管理新思维，组织与人的新型关系，结合案例提出优化建议
消费升级：实践·研究 本土管理实践与创新论坛　著	从经营、管理、行业三个方面记录消费升级下的实践	**互联网精准营销** 蒋　军　著	互联网时代整体策划、包装品牌和产品
二、抖音、微信微商、电商			
抖音营销系统 刘大贺　著	抖音系统的实战营销知识，上百个从0做大的案例	**金牌微商团队长** 罗晓慧　著	微商团队长创业实操的指导工具书
微商生意经：真实再现33个成功案例操作全程 伏泓霖　罗晓慧　著	精心挑选的33个微商成功案例，阐述具体操作过程	**快速见效的企业微信营销方法** 孙　巍　著	站在微信生态的立体高度系统讲述企业微信快营销方法论
阿里巴巴实战运营：14招玩转诚信通 聂志新　著	产品定位、阿里巴巴排名因素、数据分析，标题优化等如何做好阿里巴巴	**阿里巴巴实战运营2：诚信通热卖技巧** 聂志新　著	打开诚信通运营的金钥匙，10大具体运营技巧
三、行业新营销			
餐饮新营销 杨　勇　程绍珊　著	聚焦餐饮企业转型，系统的餐饮企业营销管理体系	**新零售进化路径** 李政权　著	预先复盘新零售及商业的未来，找到方向
珠宝黄金新营销 崔德乾　著	珠宝业新营销/新品牌/新产品/新零售/新连接/新场景/新服务/新传播/新管理	**新经销：新零售时代教你做大商** 黄润霖　著	探访近100位经销商在传统营销手法上的创新，传统营销微创新和新营销本地化
新零售动作分解与实操：建材·家居·家具 盛斌子　著	对泛家居行业趋势、店面管理、团队管理、促销推广、五感营销等提供策略	**新营销** 刘春雄　著	让品牌商和渠道商掌握获得独立流量的能力，能够与平台商博弈
快速见效的企业网络营销方法　B2B　大宗B2C 张　进　著	数据和案例90%来自作者服务的中小企业，快速全面地学习企业网络营销方法	**移动互联下的超市升级** 联商网专栏　著	超市未来的发展趋势，对社区超市、生鲜、全渠道建设、O2O等提出观点
百货零售全渠道营销策略 陈继展　著	零售行业的竞争重点、行业本质，战略转型、未来趋势、经验和案例	**互联网时代的银行转型** 韩友斌　著	银行业在互联网金融变革浪潮中所做的积极应对和转型布局
触发需求：互联网新营销样本·水产 何足奇　著	通过鲜誉案例解读阐述水产行业如何进行互联网转型	**新农资如何弯道超车** 刘祖轲　著	从农业产业化、互联网转型、行业营销与经营突破四个方面阐述农资企业转型

续表

书名	内容	书名	内容
新零售　新终端 迪智成　著	将新零售系统打法做梳理并落地在新终端建设上		
医药医疗			
一、药店			
新医改了，药店就要这样开 尚　锋　著	从药店定位的思考，内部和会员管理等几个方面探讨中小型药店发展方向	电商来了，实体药店如何突围 尚　锋　著	新时代药店经营三驾马车：药学专业服务、会员贴心服务和精准定向促销
引爆药店成交率1：店员导购实战 范月明　著	药店人的零售工作怎样接待顾客，完善销售技巧	引爆药店成交率2：药店经营实战 范月明　著	从药店经营角度如何建立改善门店现状的实用标准
引爆药店成交率：专业化销售解决方案 范月明　著	从简单的拿药服务到提供多角度的专业解决方案		
二、药品销售			
医药第三终端：从控销到动销　诊所　基层医疗 王祥君　张芳文　著	用大量案例来梳理药企落地动销的策略、方法和技战术	医药营销：诊所开发维护与动销 张江民　著	从六个方面系统阐述基层诊所市场营销攻略
处方药合规推广实战宝典 赵佳震　著	对处方药推广体系搭建、推广人员岗位内容等六个方面进行阐述	医药代理商经营全指导 戴文杰　著	从产品选择、价格体系设计、路径管理等维度描述代理商产品操作的基本策略
处方药零售这样做 田　军　著	处方药零售的重要性及做市场的具体措施和方法	OTC医药代表药店开发与维护 鄢圣安　著	一位从初级OTC医药销售代表成长起来的销售经理的经验分享
OTC医药代表药店销售36计 鄢圣安　著	以《三十六计》为线，写OTC医药代表向药店销售的一些技巧与策略		
三、药企转型			
药企战略·运营与医药产业重构 杜　臣　著	对医药产业的深度认知与发展趋势结合，战略思考与经营操作相统一	医药行业大洗牌与药企创新 林延君　沈　斌　著	围绕着创新介绍医药行业，介绍近百家医药企业创新实践案例
医药新营销 史立臣　著	从药企最关心的八个方面阐述制药企业、医药商业企业营销模式转型	医药企业转型升级战略 史立臣　著	商业模式转型、管理转型、定位转型、运营模式转型和跨界转型五方面阐述转型
新医改下的医药营销与团队管理 史立臣　著	立足新医改相关政策的解读，为中小医药企业出谋划策	在中国，医药营销这样做 段继东　著	时代方略在医药营销领域思想、方法文章的精选合集
四、新医疗			
成为医疗器械领军者 王　强　著	中小型医疗器械生产企业和代理商怎样转型	新型诊所经营与创新 动脉网　著	对新型诊所从标准化管理、经营方式、团队建设、连锁模式四个方面进行解读

续表

书名	内容	书名	内容
医美新风口：颜值经济下的亿万市场 动脉网　著	详细介绍中国医疗美容行业的发展趋势，现状以及医美产业链等	**互联网医院：正在发生的医疗新变革** 动脉网　著	介绍互联网医院的建设与运营、管理，发展模式和市场布局，以及发展规律
快消品			
一、快消案例			
中国快消品营销这些年 史贤龙　著	一本书浓缩快消品营销15年的实战历程与前沿思考	**这样打造大单品** 迪智成　著	通过13个大案例帮助企业梳理打造大单品的路径
你不知道的加多宝 曲宗恺　牛玮娜　著	以时间为轴线，详细叙述了加多宝品牌的发展历程	**娃哈哈区域标杆** 罗宏文　快车君 赵晓萌　寇尚伟	讲娃哈哈豫北市场如何成为娃哈哈全国第一大市场、全国增量第一的市场
六个核桃凭什么从0过100亿 张学军　著	全视角深度解读养元企业的裂变成长，复盘十年蜕变轨迹	**像六个核桃一样** 王　超　著	六个核桃为什么卖得这么好，产品畅销的6大要义36条简明法则
5小时读懂快消品营销 陈海超　著	20年快速消品市场风云洞察解码，丰富的案例解析		
二、快消品区域经理			
快消品营销团队管理 刘　雷　伯建新　著	快消品团队管理相关的20余个工具+20余个案例	**这样打造快消品区域标杆** 罗宏文　牛玉龙　著	分为两篇解决如何成功打造标杆市场和进行持续增量管理两大问题
成为优秀的快消品区域经理（升级版） 伯建新　著	作为区域经理的“速成催化器”，升级版增加11篇内容	**快消老手都在这样做：区域经理操盘锦囊** 方　刚　著	一线成长起来的资深快消品营销人“压箱底”绝活亲囊而授
快消品营销人的第一本书 刘雷　伯建新　著	针对一线厂家业务员工作中常遇到的问题给予建议	**销售轨迹：一位快消品营销总监的拼搏之路** 秦国伟　著	一个普通营销人的故事，16年背井离乡的职场拼搏之路
快消品营销：一位销售经理的工作心得2 蒋　军　著	从市场操作、团队管理、传播推广、营销的具体策略和战略等方面提供方法		
三、快消品动销			
动销：产品是如何畅销起来的 余晓雷　著	怎么被消费者买走和竞争对手是谁这两个原点解决动销问题	**动销操盘：节奏掌控与社群时代新战法** 朱志明　著	用七个章节阐述关于动销操盘的要诀，节点、节奏、主次、条件匹配性等问题
动销四维：全程辅导与新品上市 高继中　著	从产品、渠道、促销和新品上市四个方面详细讲解提高动销的具体方法		
四、快消品渠道			
深度分销 施　炜　著	流道价值链、模式选择、渠道策略与管理、零售经销商管理、最佳实践、团队建设	**通路精耕操作全解周俊** 陈小龙　著	对康师傅制胜法宝通路精耕进行系统介绍与说明，图表和完善入微的操作方法

续表

书名	内容	书名	内容
酒水饮料快消品餐饮渠道营销手册 朱伟杰　著	对餐饮渠道深入挖掘，建立适合餐饮渠道发展的服务模式和组织保障措施	**快消品经销商如何快速做大** 杨永华　著	经销商如何通过经营实现规模，通过管理实现规模效益
快消品营销与渠道管理 谭长春　著	解决日常涉及的渠道管理、市场、产品等营销事务	**快消品招商的第一本书** 刘　雷　著	从招商理论到招商动作进行系列化分解，化繁为简
采纳方法：化解渠道冲突 朱玉童　著	21 个最新的渠道冲突案例立体地介绍渠道冲突的现象和方法		
五、快消品企业战略			
重构：快消品企业重生之道 杨永华　著	从战略，品牌，市场，产品，营销，系统，管理 7 个方面进行重构	**变局下的快消品实战策略** 杨永华　著	从 5 个角度针对快消品企业如何应对行业变局给出答案
新营销 刘春雄　著	让品牌商和渠道商掌握获得独立流量的能力，能够与平台商博弈	**采纳方法：破解本土营销 8 大难题** 朱玉童　著	破解困扰营销人的八大难题变给出解决方法
白酒营销培训宝典：复制高业绩 刘孝鞅　著	总结白酒营销人员系统运作市场的要点，转化为易学可复制的动作和工具表单	**酒水饮料快消品餐饮渠道营销手册** 朱伟杰　著	对餐饮渠道深入挖掘，建立适合餐饮渠道发展的服务模式和组织保障措施
白酒营销的第一本书 唐江华　著	多角度阐释白酒一线市场操作的最新模式和方法	**白酒经销商的第一本书** 唐江华　著	经销商如何选择厂家、合作、运营品牌等问题给建议
白酒到底如何卖 赵海永　著	多角度地阐释了白酒一线市场操作的最新模式和方法	**白酒到底如何卖 2：从市场培育到动销** 赵海永　著	系统化、标准化、模式化的促成动销的实战操作方式和方法
变局下的白酒企业重构 杨永华　著	白酒企业重构期的营销战略与实操策略 6 大方法	**酒业转型大时代** 微　酒　著	酒水营销、新闻资讯及行业分析、预测的知识宝典
区域型白酒企业营销必胜法则 朱志明　著	以 36 条法则从战略、营销、推广、产品线、品牌、市场、战术、等方面提供方法	**10 步成功运作白酒区域市场** 朱志明　著	从市场攻守、产品攻略、新品上市、占领渠道、促销等十个层面阐述
茶·调味品·油·乳业			
营销中国茶：2 小时读懂茶叶营销 史贤龙　著	中国茶营销的“困局”“破局”和“创举”	**中国茶叶营销第一书** 柏　龑　著	纵览中国茶叶市场的全局，并且有针对性地提出问题并阐述解决方法
调味品营销第一书 陈小龙　著	15 年监控中国市场 50 个中外著名调味品品牌市场运作、管理等得到的经验总结	**调味品企业八大必胜法则** 张　戟　著	提炼了调味品企业八大规律性的关键成功要素
食用油营销的第一本书 余　盛　著	从小包装油行业概述到产品的基本知识，从基本执行动作到品牌整体策划等	**鲁花：一粒花生撬动的粮油帝国** 余　盛　著	鲁花如何成长为优秀的带动农业产业发展的品牌，鲁花你一定学得会

续表

书名	内容	书名	内容
金龙鱼背后的粮油帝国 余　盛　著	以金龙鱼为脉的一部中国粮油行业的史诗	**乳业营销的第一本书** 侯军伟　著	区域型乳品企业如何才能够稳健的发展
工业品			
一、工业品销售			
大客户销售这样说这样做 陆和平　著	大客户销售活动的十大模块，68 个典型销售场景	**销售是个专业活　B2B** 陆和平　著	据客户采购流程拆分销售过程 10 阶段，讲解方法技巧
成为资深的销售经理：B2B　工业品 陆和平　著	让销售经理成功把握销售管理 6 个关键点，并提供工具	**一切为了订单：订单驱动下的工业品营销实践** 唐道明　著	以订单流程的三个环节为主线讲述工业品营销管理新思路
二、工业品营销			
工业品营销管理实务（第 4 版） 李洪道　著	是信任导向工业品营销体系的深化版、工业品营销管理体系优化咨询升级版	**工业品企业如何做品牌** 张东利　著	为当下中国制造的品牌化转型提供经过实践证明的理念、方法和体系
工业品市场部实战全指导 杜　忠　著	解决职能不清、市场部五大职能如何运作、职业发展路径等具体问题	**解决方案营销实战案例** 刘祖轲　著	十大工业品作者实操案例解码解决方案营销
资深大客户经理：策略准　执行狠 叶敦明　著	将大客户经理必须具备的规划、策略、执行三种能力连通自如		
三、工业品企业			
变局下的工业品企业 7 大机遇 叶敦明　著	探索工业品企业成长的新机会，7 大战略与战术性机会	**两化融合管理体系贯标流程与方法** 戴　勇　著	融合五十多家企业在两化融合贯标过程的经验，总结重点与举措
丁兴良讲工业 4.0 丁兴良　著	多角度阐述中国在工业 4.0 的机遇和挑战		
建材家居			
一、建材家居门店			
家居建材促销与引流 薛　亮　李永锋　著	对泛家居营销执行模式和工具、关键环节等进行汇总	**新零售动作分解与实操：建材·家居·家具** 盛斌子　著	对泛家居行业趋势、店面管理、团队管理、促销推广、五感营销等提供策略
家具行业操盘手 王献永　著	总结家具终端门店发展的现状及问题并给出策略	**手把手教你做专业督导** 熊亚柱　著	系统梳理督导的核心技能，岗位职责、工作流程及技能
手把手帮建材家居导购业绩倍增 熊亚柱　著	针对建材家居门店的业务人员，案例故事还原场景教你成为好导购	**10 步成为最棒的建材家居门店店长** 徐伟泽　著	梳理店长管理的核心工作职责，店面管理规范和帮助销售人员成长
建材家居门店销量提升 贾同领　著	9 个板块讲述建材一个单店如何做到经营的良性循环	**建材家居门店 6 力爆破** 贾同领　著	产品力、导购力、形象力、推广力、服务力、组织力
二、建材家居经销商			
新经销：新零售时代教你做大商 黄润霖　著	探访近 100 位经销商在传统营销手法上的创新，传统营销微创新和新营销本地化	**建材家居经销商 42 章经** 王庆云　著	经营管理的心法和战法，帮助经销商成为“业务妙手”和“管理能手”

续表

书名	内容	书名	内容
成为最赚钱的家具建材经销商 李治江　著	针对建材家居行业的经销商，从销售模式、产品、门店、市场等方面给出方法		
三、建材家居企业			
定制家居黄金十年 韩　锋　翁长华　著	对中国定制家居行业20年发展历程深度、系统、专业的解读	**建材家居营销：除了促销还能做什么** 孙嘉晖　著	探索家居建材行业营销的革命，回顾和思考来发现行业“营销天花板”的突破口
建材家居营销实务：新环境、新战法 程绍珊　杨鸿贵　著	针对建材家居市场特点提出以客户价值为基础的整体营销价值链		
零货·超市·百货			
新零售进化路径 李政权　著	预先复盘新零售及商业的未来，找到方向	**新零售　新终端** 迪智成　著	将新零售系统打法做梳理并落地在新终端建设上
移动互联下的超市升级 联商网　著	超市未来的发展趋势，对社区超市、生鲜、全渠道建设、O2O等提出观点	**百货零售全渠道营销策略** 陈继展　著	零售行业的竞争重点、行业本质，战略转型、未来趋势、经验和案例
超市卖场定价策略与品类管理 IBMG集团　著	零售企业的市场拓展与商品定位、商品结构与商品陈列、毛利分析与库存分析	**连锁零售企业招聘与培训破解之道** IBMG集团　著	围绕零售企业组织架构、培训体系建设等内容进行深刻探讨
总部有多强大，门店就能走多元 IBMG集团　著	五大方向综合阐述连锁零售企业总部如何提升管理能力	**三四线城市超市如何快速成长：解密甘雨亭** IBMG集团　著	甘雨亭的许多关键经营指标均高于行业标准，学习其成功的方法
中国首家未来超市：解密安徽乐城 IBMG集团　著	对乐城超市的掌门人及内部员工的采访详细阐释了乐城的经验	**零售：把客流变成购买力** 丁　昀　著	通过大量的实际案例对中国零售业态的升级转型之路提出思考
餐饮·服装·影院			
餐饮新营销 杨　勇　程绍珊　著	聚焦餐饮企业转型，系统的餐饮企业营销管理体系	**电影院的下一个黄金十年** 李保煜　著	介绍了中国电影产业的运作模式以及电影院的开发、设计思路
餐饮企业经营策略第一书 吴　坚　著	阐述餐饮企业产品之道、市场之道、顾客之道及盈利之道	**赚不赚钱靠店长，从懂管理到会经营** 孙彩军　著	注重专卖店的经营思路拓展，门店管理细节方面能力提升
农牧业			
一、农资			
饲料营销有方法 陈石平　著	饲料营销的7大核心命题	**农资营销实战全指导** 张　博　著	深度营销在农资市场行之有效的营销策略和工具
新农资如何弯道超车 刘祖轲　著	从农业产业化、互联网转型、行业营销与经营突破		

续表

书名	内容	书名	内容
二、农牧企业			
中国牧场管理实战 黄剑黎　著	牧场管理标准、管理制度、操作规程做出剖析和指引	**中小农业企业品牌战法** 韩　旭　著	农业企业需要全产业链视野，更需要品牌实战方法
变局下的农牧企业9大成长策略 彭志雄　著	为农牧企业量身打造了9个立足现在、展望未来的成长策略	**农产品营销实战第一书** 胡浪球　著	针对33个农产品营销的核心问题提供具体招数
地产·汽车			
一、地产			
中国城市群房地产投资策略 吕俊博　刘　宏　著	挖掘主要城市群的现状特征、发展因子、演化趋势、竞争关系等，给出分析建议	**产业园区/产业地产：规划、招商、实战运营** 阎立忠　著	认知、规划、招商、运营四方面系统解读产业园区的建设精要和运营技巧
人文商业地产策划 戴欣明　著	“全球化视野（创意）”+“人文+”思维		
二、汽车			
商用车经销商运营实战 杜建君　著	对商用车经销商的经营与管理、4S店运营做了全方面的系统总结	**汽车配件这样卖** 俞士耀　著	适合轮胎、机油、维修、快保、美容、洗车等汽车服务业态销售实操办法
润滑油销售：这样说，这样做更有效 张金荣　著	总结润滑油销售面对三大客户常遇到的200余个营销问题解决方法		
投资理财·收购资本			
交易心理分析 马克·道格拉斯【美】　著	一语道破赢家的思考方式，并提供了具体的训练方法	**财报背后的投资机会** 蒋　豹　著	零基础轻松掌握财务报表的相关知识，快速入门
写给企业家的公司与家庭财务规划 周荣辉　著	以企业的发展周期为主线，写各阶段企业与企业主家庭的财务规划	**分股合心** 段　磊　周　剑　著	围绕股权激励，详细介绍相关知识和实行方法
成功并购300问 浩德并购军师联盟　著	系统学习资本运作和企业并购知识的金融工具书	**并购名著阅读指南** 叶兴平　著	全球5000多本并购图书中精选200本并进行评价
阿米巴			
阿米巴经营的中国模式 李志华　著	基于阿米巴经典理念提出了适合中国本土的员工自主经营的“1532”模型	**集团化企业阿米巴实战案例** 初勇钢　著	作者在某酒厂推行阿米巴经营模式的心得
中国式阿米巴落地实践之激活组织 胡八一　著	划分原则、裂变与整合、组织管控、重新定位、巴长竞聘和组阁	**中国式阿米巴落地实践之从交付到交易** 胡八一　著	从6个方面阐述经营会计，从交付到交易是成功实施阿米巴的标志
中国式阿米巴落地实践之持续盈利 胡八一　著	企业做平台、平台做成阿米巴、阿米巴做成合伙制		

续表

人力资源管理			
一、绩效·薪酬			
书名	内容	书名	内容
回归本源看绩效 孙　波　著	从目的和概念帮助企业梳理绩效管理与经营的关系	**走出薪酬管理误区** 全怀周　著	7个常见薪酬误区入手为企业提供一套系统解决方法
曹子祥教你做绩效管理 曹子祥　著	作者核心授课课程的还原，掌握绩效管理的核心内容	**曹子祥教你做激励性薪酬设计** 曹子祥　著	作者28年咨询经验总结，如何进行科学的薪酬体系设计
二、招聘·面试·培训			
把招聘做到极致 远　鸣　著	多年人力资源资深招聘经理多年工作心得提炼	**把面试做到极致** 孟广桥　著	一套实用的确定岗位招聘标准、提升面试官技能方法
人才评价中心漫画版 邢　雷　著	用漫画形式写成的人才测评专业书籍	**世界500强资深培训经理人教你做培训管理** 陈　锐　著	从构建培训体系、培训组织、培训文化、开发培训资源教你做培训管理
三、HR高管·劳动法			
经营型HRD 黄渊明　著	总结企业HRD如何支撑企业经营成功抓好七件关键事情	**人才供应链：实现高绩效均衡的人才管理模式** 许　锋　著	打造人才供应链的四大支柱，十项修炼的完整体系
新任HR高管如何从0到1 新　海　著	到互联网创业型企业担任HRVP，从0到1建立较完善的HR体系	**人力资源体系与e－HR信息化建设** 刘书生　陈　莹 王美佳　著	6大框架、28个关注点、5大目标、6大优势、166个交付物咨询体系和盘托出
集团化人力资源管理实践 李小勇　著	针对集团型企业人力资源管理急问题，提出科学建议	**我的人力资源管理笔记** 张　伟　著	第三方咨询视角跳出“技术方法”看人力资源管理
人力资源的5分钟劳动法 李皓楠　著	入职管理、在职管理、离职管理中遇到的劳动法问题及应对		
四、HRBP			
HRBP是这样炼成的之菜鸟起飞 黄渊明　著	作者在初步转型HRBP两年时间里摸索实践的亲身经历与总结	**HRBP是这样炼成的之中级修炼** 黄渊明　著	结合作者亲身从事HRBP的工作经历，总结HRBP的作战故事
HRBP高级修炼 黄渊明　著	故事方式，HRD角度深度呈现运用HRBP的思维、方法		
企业文化			
企业文化落地本土实践 王祥伍　著	华夏基石“知信行”模型描绘企业文化落地路线图	**企业文化的逻辑** 王祥伍　著	从文化起源深刻剖析文化、效率、企业、企业文化联系
企业文化定位·落地一本通 王明胤　著	企业文化理念传播和落地聚焦的17种方法，解读了近100个实战案例	**36个拿来就用的企业文化建设工具** 海融心胜　著	汇集整理了36个通用的企业文化实践工具

续表

书名	内容	书名	内容
企业文化激活沟通 宋杼宸　安　琪　著	系统阐述沟通与企业文化的关系，给予企业提升沟通效能的企业文化解决方案	**企业文化建设超级漫画版** 邢　雷　著	用漫画形式写成的企业文化建设专业书籍，理论体系和29个具体的操作方法
在组织中绽放自我 朱仁建　著	个人与组织之间的关系，文化对组织化形成的影响		
流程管理			
营销·研发·供应链业务架构与流程管理 谭勋晖　著	对营销、研发、供应链这三大业务流程变革实践经验总结	**打造集成供应链** 王春强　著	第一用力在“集成”上，梳理内外部各相关模块及其依赖关系
人人都要懂流程 金国华　余雅丽　著	50幅流程管理漫画，内部对流程价值理念的高度共识	**用流程解放管理者** 张国祥　著	8个板块构成，共66篇文章，14幅流程管理图
用流程解放管理者2 张国祥　著	对中小企业规范化流程管理进行系统的阐述	**跟我们学建流程体系** 陈立云　罗均丽　著	在《跟我们做流程管理》基础上丰富了标杆实践案例
16949质量管理体系落地与全套文件汇编 谭洪华　著	对IATF16949每个条款讲解采用理解、作用、落地、模板、成功案例四个模块解析	**ISO9001：2015制造业文件模板全集** 贺红喜　著	五篇内容组成的完整的质量管理体系工具文件
精益质量管理实战工具 贺小林　著	四个方面对精益质量管理进行了全方位介绍和解读，并提供大量方法工具	**五大质量工具详解及运用案例** 谭洪华　著	APQP、FMEA、MSA、SPC、PPAP这五大质量工具的具体运用
IATF16949质量管理体系详解与案例文件汇编 谭洪华　著	针对IATF16949的标准原文做详细解说，同时提供大量表单案例	**SA8000：2014社会责任体系认证实战** 吕　林　著	将SA8000多版本及10多年的体系实战经验汇编成书
ISO9001：2015新版质量管理体系解读与案例文件汇编 谭洪华　著	ISO9001：2015新版标准理解和运用操作进行详细解读	**ISO14001：2015新版环境管理体系解读与案例文件汇编** 谭洪华　著	ISO14001：2015改版后的差别和操作运用进行详细讲解
精益生产			
一、精益·JIT·IE			
精益思维 刘承元　著	作者二十余年企业经营和咨询管理的经验总结	**比日本工厂更高效** 刘承元　著	管理提升无极限+超强经营力+精益改善里的成功实践
计划与物流精益改善之道 于晓光　著	围绕“计划与物流战略咨询的方法论”进行解析，提供方法论和案例	**300张现场图看懂精益5S** 乐　涛　著	通过日本丰田、上市企业案例，用300张现场图系统讲解5S管理
3A顾问精益实践1：IE与效率提升 党新民　苏迎斌 蓝旭日　著	系统、全面地介绍IE工厂管理技术，提高效率创造价值	**3A顾问精益实践2：JIT与精益改善** 肖智军　党新民　著	系统、全面地介绍JIT生产方式，并加入实践案例
高员工流失率下的精益生产 余伟辉　著	从三方面论述推行精益管理时如何应对员工流失		

续表

书名	内容	书名	内容
二、生产管理			
化工企业工艺安全管理实操 黄　娜　著	围绕化工工艺安全14要素来展开分析	手把手教你做专业生产经理 黄　娜　著	生产经理如何在信息流、物流、资金流三大流中开展工作
欧博心法：好工厂　靠管理 曾　伟　著	从管人篇和管事篇帮助读者解决人难管、事难控	欧博工厂案例1：生产计划管控对话录 曾　伟　曾子豪　著	工厂管理生产计划管控模块的8个全景细节大案例
欧博工厂案例2：品质技术改善对话录 曾　伟　曾子豪　著	工厂管理品质、技术、效率管理模块的10个全景细节大案例	欧博工厂案例3：员工执行力提升对话录 曾　伟　曾子豪　著	工厂管理人员管控模块的5个全景细节大案例
工厂管理实战工具 曾　伟　著	中国传统文化指导下的工厂管理工具		
全能型班组：城市能源互联网与电力班组升级 国网天津电力公司　著	从互联网时期的班组转型升级出发，对新型班组组织模式和运行机制进行设想	国网天津电力全能型班组建设实务 国网天津电力公司　著	聚焦天津电力公司在探索全能型班组转型升级时的优秀实践
车间人员管理那些事儿 岑立聪　著	小事入手把基层车间管理者头疼的事务打包解决		
咨询·培训师			
培训师事业长青之道 廖信琳　著	培训师自我管理的“洋葱模型”，十项内容与五个层级	管理咨询师的第一本书 熊亚柱　著	深度剖析初级入行咨询师在工作中会遇到的问题
资深管理咨询顾问工作心得 张国祥　著	使用手册讲述咨询师如何操作项目，老板如何选择咨询师，企业如何自主落地	手把手教你做顶尖企业内训师 熊亚柱　著	从开、控、收、编、制、用的角度去践行培训师的职责
TTT培训师精进三部曲上 廖信林　著	手把手教您“深度改善现场培训效果”的一招一式	TTT培训师精进三部曲中 廖信林　著	建构一整套培训课程设计与开发的认知架构和方法体系
TTT培训师精进三部曲下 廖信林　著	通过“沉淀职业功力的六度模型”，帮助培训师在职业技能上的持续精进		
产品·研发			
研发体系改进之道 靖　爽　陈年根 马鸣明　著	取材数十家企业研发改进的咨询实践，提炼一套实操的改进步骤与工具	新产品开发管理，就用IPD（升级版） 郭富才　著	把产品经营的思想凝结在新产品开发管理机制中，升级版更丰富
产品开发管理：方法·流程·工具 任彭枞　著	结合超过300家企业的实际研发管理方法，总结问题和方法，大量表格	资深项目经理这样做新产品开发管理 秦海林　著	采用过程管理方法，对新产品开发的四大过程进行分析，主要针对小电器产品
产品炼金术Ⅰ：如何打造畅销产品 史贤龙　著	如何打造畅销产品的四个方法	产品炼金术Ⅱ：如何用产品驱动企业成长 史贤龙　著	经营者视角重新认识产品，对产品现状快速诊断
中东历史与现状二十讲 黄民兴　著	对中东几千年的历史和动荡的现状进行了一个白描	非暴力抵抗的诞生 甘　地　著	甘地南非21年为印度侨民争取政治权利的艰苦历程

续表

书名	内容	书名	内容
中国古代政治制度上：皇帝制度与中央政府 刘文瑞　著	探究中国古代政治制度的规则和机制，论证古代皇帝制度的形成和演变历程	**中国古代政治制度下：地方体制与官僚制度** 刘文瑞　著	探究中国古代政治制度的规则和机制，论证古代地方政府的发展演变过程
两晋南北朝十二讲 李文才　著	分12个专题对两晋南北朝的历史进行阐述	**每个中国人身上的春秋基因** 史贤龙　著	透过真实的春秋历史，看到人性里的黑暗与光明、卑劣与高尚
二、哲学			
车过麻城·再晤李贽 张再林　著	用游记的方式，展示李贽独到的学术眼力和理论建树	**王阳明万物一体论** 陈立胜　著	“万物一体”是王阳明思想的基本精神。大人者，能与天地万物为一体
自我与世界：以问题为中心的现象学运动研究 陈立胜　著	对现象学运动之中的“意向性”“自我”“他人”“身体”及“世界”进行深入分析	**作为身体哲学的中国古代哲学** 张再林　著	对中国古代哲学之性质内容给予一种全新的理论解读
中西哲学的歧义与汇通 张再林　著	揭示中西哲学“你中有我，我中有你”之旨		
三、传统文化			
与老子一起思考·道篇 史贤龙　著	一本将《老子》思想本义、思想价值、思想史地位、文明史意义讲透的著作	**与老子一起思考·德篇** 史贤龙　著	考、释、译、论四个方面的工作对《老子》进行解读
国富策：读管子知天下财富 翟玉忠　著	《管子》轻重十六篇为核心的轻重术，深刻阐发并从中汲取有益时代的经验教训	**说服天下：鬼谷子的中国沟通术** 翟玉忠　著	为纵横家正名，对纵横术进行了系统总结
中国商道 翟玉忠　著	对中国先秦和明清时期商业典籍系统整理和诠释	**梁涛讲孟子之万章篇** 梁　涛　著	对《万章》的讲解通俗、富有新意
中国思想文化十八讲 张茂泽　著	中国宗教文化课程10年基础上撰写而成，介绍中国古代宗教思想	**孔门心法，中道而行：史幼波中庸讲记** 史幼波　著	史幼波讲的《中庸》提炼出中华传统心性之学的精髓
大学之道，圣学纲目：史幼波大学讲记 史幼波　著	史幼波讲的《大学》帮助我们在自己身上找到一个精神的皈依处	**史幼波《周子通书》《太极图说》讲记** 史幼波　著	根据史幼波围绕这两篇儒学经典的系列讲座整理而成
四、书法·太极·教育·英语			
跟陈忠建学写名家书法Ⅰ 陈忠建　著	用视频跟陈忠建学名家书法之楷书·行书	**跟陈忠建学写名家书法Ⅱ** 陈忠建　著	用视频跟陈忠建学名家书法之隶书·楷书·行书
郑子太极拳理拳法 杨竣雄　著	作者14岁入郑子太极之门，用故事性的方式讲述教学	**内功太极拳训练教程** 王铁仁　著	训练方法及练习，用内气演练过程予以详析，有视频
别让你的执着毁了孩子 廖信林　著	复盘与孩子互动过程中的关键时刻，有效的亲子教育	**像美国人一样讲话** 马方旭　著	美国最常用的800句习惯用语搭配场景例句，有视频